Sprechen wie Gott in Frankreich?

Das braucht es vielleicht nicht, um mitzubekommen, was an diesem Land so besonders ist. Wer mehr sein möchte als ein Beobachter am Rande, der kommt aber bestimmt nicht ohne gute Sprachkenntnisse aus. «Français Deux» setzt den Sprachkurs fort, der mit «Français Un» (rororo sprachen 9160) begonnen hat: nahe an der Umgangssprache und voller Informationen, die mit Details zur Gesellschaft, zu Tradition und Mentalitäten den Blick schärfen für den französischen Alltag.

Als tönenden Begleiter zu «Français Deux» gibt es unter dem gleichen Titel eine neunzigminütige Cassette mit hörspielhaften Dialogen, Lesetexten und Hörverständnisübungen (rororo sprachen 9312)

Isabelle Jue und Nicole Zimmermann sind beide Französinnen. Sie leben in Deutschland, wo sie ihre eigene Sprachschule leiten. In Frankfurt und in Frankreich veranstalten Sie Sprachkurse, in denen eine kommunikative Lernmethode angewendet wird.

Im Rowohlt Verlag haben sie bisher veröffentlicht: «Sprachbuch Frankreich» (rororo 7520), «Le Français avec les Frustrés (rororo 8423), «Plus de Français avec les Frustrés (rororo 8539).

rororo Sprachen
Herausgegeben von Ludwig Moos

Originalausgabe
Veröffentlicht im
Rowohlt Taschenbuch Verlag GmbH,
Reinbek bei Hamburg, Juli 1993
**Copyright © 1993 by
Rowohlt Taschenbuch Verlag GmbH,
Reinbek bei Hamburg**
Umschlagillustration
Gerd Huss
Umschlagtypographie
Büro Hamburg / Peter Wippermann
Layout und Grafik
**Iris Christmann
Alexander Urban**
Zeichnungen
Jan Langela
Fotos
**Frank Simon
Brendan Le Dellion**
Satz
Times und Futura
Gesamtherstellung
Clausen & Bosse, Leck
Printed in Germany
1890-ISBN 3 499 19311 6

Isabelle Jue
Nicole Zimmermann

FRANÇAIS DEUX

Französisch reden und verstehen
Ein Aufbaukurs

Konzept und Redaktion Christof Kehr

Rowohlt

INHALT

CONTENU

MONACO . MENTON
GÊNES (GENOVA)
Péage
Promenade des Arts
ACROPOLIS

VORWORT

Frankreich und l'Allemagne – die alte Erb-
feindschaft ist längst einer gut funktionieren-
den Dauerehe gewichen. Franzosen und Deutsche praktizieren schon lange das, was für ganz
Europa selbstverständlich werden soll. Austausch auf allen Ebenen, bei den Staatschefs
heißt es «Konsultationen», bei den Menschen
rencontres – Begegnungen. In einer Hinsicht
ist der Austausch allerdings ungleich: Frankreich ist das Land auf der Welt mit den meisten
Besuchern, mehr Deutsche fahren dorthin als
umgekehrt.

Das Land hat wahrhaftig genug zu bieten: von
der Weltmetropole Paris mit immerhin 11 Millionen Einwohnern im Großraum bis zu Land-
strichen wie den Cevennen, die zu den verlas-
sensten in ganz Europa zählen, von den Hoch-
gebirgen im Süden und im Osten bis zu den
Küsten mit teilweise endlosen Sandstränden.
Frankreich suggeriert uns Deutschen eine Lebensart, die mit Sehnsucht erfüllt. Aber das
savoir vivre ist längst zum Klischee verkom-
men. Der radelnde und qualmende Bauer mit
der Baskenmütze und der *baguette* auf dem
Gepäckträger taugt allenfalls noch für die Ziga-
retten- oder Käsereklame. Frankreich ist, nicht
anders als seine Nachbarn, ein soziales Pulver-

faß, ein Nährboden sich rassisch gebärdender Ultra-Konservativer, ein Sammelbecken der Völker, eine krisengeschüttelte Industrienation.

Was jedweden technischen Fortschritt betrifft, so achten die Franzosen stark darauf, die Nase vorne zu haben. Der französische Alltag ist durchelektronisiert, ob Magnetkarten, Minitel (Btx) oder Hochgeschwindigkeitszüge, mit solchen Neuerungen sind die Franzosen besonders schnell bei der Hand. High-tech ist aber nur einer der Reize, mit dem das Land auffährt. Die Kultur in den Metropolen, die gemächlichgemütliche Lebensart in der Provinz – das alles zusammen ist es vielleicht, was Frankreich so attraktiv für uns macht.

Französisch ist Weltsprache, nur gut die Hälfte der Muttersprachler stammen aus Frankreich. Französisch wird auch andernorts gesprochen: in der Schweiz, in Belgien, in Monaco, in Kanada, in Nordafrika, in Westafrika, in Zentralafrika, im Indischen Ozean, in der Karibik und in der Südsee. Wer sich der Mühe unterzieht, Französisch zu lernen – vom Himmel fällt es leider nicht –, der wird belohnt, indem er mit Abermillionen von Menschen auf der Welt kommunizieren kann. Wer Sprachen lernt, der vermag dieses Gefühl der Isolation abzuschütteln, das immer dann auftritt, wenn man als Fremder plötzlich sprachlos ist.

Français Deux vermittelt ein modernes Umgangsfranzösisch, das sich auch nicht um ein gebräuchliches, in die Gegenwartssprache eingegangenes Szene-Vokabular drückt. Die Kommunikation steht im Vordergrund, die zu lernenden Wörter und Ausdrücke sind alltagstauglich. Dieser zweite Band des rororo Lehrwerkes ist nicht nur für diejenigen gemacht, die den ersten Band schon intus haben. Auch jeder, der einen ersten Band irgendeines anderen Lehrwerkes durchgearbeitet hat, wird den Einstieg finden. Und wer sein brachliegendes Französisch wieder auffrischen möchte, der wird in diesem Band eine Menge Déjà-vu-Erlebnisse haben und gleichzeitig vieles Neue dazulernen.

Die einzelnen Themen werden von lebensnahen, unterhaltsamen und gut beobachteten Geschichten eingeleitet. Die Autorinnen vermitteln keine heile Welt, sondern gehen davon aus, daß Konflikte nutzbar sind als Sprechanlässe und die Diskussionsbereitschaft in der Gruppe fördern. Es wird ein umfangreiches sprachliches Material präsentiert, das den Benutzer und Lernenden zwar nicht dazu befähigen wird, Molière oder Sartre im Original zu lesen, aber doch dazu, das meiste, was er in Frankreich hört, zu verstehen und vieles auch selbst ausdrücken zu können. Bitte aber keine falsche Eile: Eine Sprache läßt sich nicht in zwei Wochen lernen, es braucht einfach jede Menge Arbeit und Zeit. Superlearning mag ein Super-Einstieg sein. Aber es funktioniert nur in Gruppen und nur für den allerersten Anfang. Wer weiterkommen will, der kommt ums Pauken nicht herum, hilfreich sind allenfalls ein Aufenthalt im Land oder das Zusammenleben mit einem französischsprechenden Partner. Unverzichtbar – es mag noch so sehr eine Binsenwahrheit sein – ist die Regelmäßigkeit, die monatelange Beständigkeit im Lesen, Lernen, Hören und Sprechen und Wiederholen.

Wie in *Français Un* finden Sie auch in diesem Band:

▨ Ausspracheübungen für besonders problematische Laute des Französischen und für die Intonation verschiedenster Ausdrücke,

▨ Hör- und Grammatiktests, um das neu Gelernte zu überprüfen,

▨ «Notes culturelles», Anmerkungen zu Land und Leuten und

▨ zahlreiche Dialoge zum Training des Hörverständnisses.

Christof Kehr

GEBRAUCHS-ANWEISUNG

COMMENT UTILISER CE LIVRE

Diese Gebrauchsanweisung ist ein Vorschlag, wie ein Selbstlerner ohne Lehrer mit Buch und Cassette vorgehen kann. Natürlich gibt es auch andere Möglichkeiten, vor allem für diejenigen, die in einer Gruppe mit Lehrer lernen.

Français Deux ist in sechs Lektionen (*Thèmes 1-6*) aufgebaut.

Thème 1 ist eine Einstiegslektion, die den wichtigsten Stoff der Grammatik des ersten Bandes wiederholt. Die Themen bestehen aus Dialogen (*Dialogues*), Grammatik und Übungen (*Théorie et Pratique*) und einem Text (*Lecture*). Sie kreisen um ein Thema und führen Sie Schritt für Schritt zum Reden und Verstehen. Nach jeweils zwei Themen folgt zur Wiederholung und Überprüfung der erworbenen Kenntnisse ein *Test* mit Hörverständnisübungen. Lösungen (*Corrigés*) zu den Übungen und Tests stehen im Anhang. Für Zweifelsfragen zum Vokabular finden Sie unter *Glossaire* ein französisch-deutsches Glossar mit dem Verweis auf die Lektion, in der das jeweilige Wort zum ersten Mal erscheint. Die Wörter, die im Teil *Théorie et Pratique* zum ersten Mal vorkommen, sind mit einem *T* hinter der Lektionszahl gekennzeichnet. Die Wörter, die in der *Lecture* zum ersten Mal vorkommen, sind mit einem *L* hinter der Lektionszahl gekennzeichnet. Steht ein ⟨⟩ hinter einem Wort, so bedeutet dies «umgangssprachlich». Steht ein ⟨!⟩ hinter

einem Wort, so bedeutet dies «vulgär». Im Anhang finden Sie auch ein Register *(Index)*, das
alle grammatischen Punkte des *Théorie*-Teils
erschließt. Abgerundet wird der Anhang durch
ein Verzeichnis der unregelmäßigen Verben,
einen Überblick über die Zeiten im Französischen und die Grammatiktabellen.

Vorschlag für die Arbeit mit dem Buch:

1. Sie hören zuerst die Dialoge von der Cassette
   und achten vor allem darauf, worum es geht,
   was überhaupt passiert.
2. Sie nehmen sich die Texte im Buch vor
   und arbeiten sie mit Hilfe des Vokabulars
   (Vocabulaire et expressions) genau durch.
3. Sie hören den Text noch einmal, lesen aber
   nicht mehr mit, behalten dabei aber noch das
   Vokabular im Auge .
4. Jetzt können Sie die Fragen beantworten
   (Répondez). Dialoge anhören, parallel dazu
   die Fragen lesen. Der erste Frageblock **A** hebt
   auf ein allgemeines Textverständnis ab, die
   Fragen fürs zweite Hören **B** sind dann schon
   wesentlich detaillierter.
5. Gehen Sie, falls nötig, zurück zum Vokabular, und lernen Sie die Wörter.
6. Jetzt können Sie in der Grammatik *(Théorie)*
   die Strukturen nachschauen und die dazuge-
   hörenden Übungen *(Pratique)* machen.
   Théorie und *Pratique* stehen sich ergänzend
   gegenüber. Sie müssen also nicht immer zwischen Grammatik- und Übungsteil hin- und
   herblättern.
7. Sind alle Übungen gemacht und mit Hilfe
   des Schlüssels *(Corrigés)* korrigiert, atmen
   Sie erst einmal tief durch. Mit so viel Theorie
   und Praxis dürften die Hörtexte auf der

Cassette *(Ecoutez)* kein Problem mehr darstellen. Hören Sie jeden Text wenigstens zweimal, und beantworten Sie die Fragen. Sie müssen hier nicht jedes Wort verstehen. Was zählt, ist das Allgemeinverständnis. Die Antworten und den Wortlaut des Dialogs finden Sie unter *Corrigés*.

8. Sie hören jetzt von der Cassette die Ausspracheübungen *(Prononciation)*, lesen gleichzeitig die Wörter und Sätze im Buch und sprechen sie nach.

9. Wenn Sie in einer Gruppe lernen, haben Sie jetzt die Möglichkeit, zusammen zu üben *(Mini-dialogues)*. Dabei üben sie vorgegebene Muster der jeweiligen Lektion ein. Danach können Sie mit den *Maxi-dialogues* freiere Konversation üben, indem Sie alltägliche, oft konfliktive Situationen bewältigen. Hier zählt nicht die grammatische Perfektion, sondern das ungehemmte Drauflosreden.

10. Jetzt können Sie sich bei der *Lecture* erholen. Der Text erfordert keine großen Lernleistungen. Beantworten Sie die Fragen *Compris?* und schauen Sie eventuell die Lösungen an.

11. Auf je zwei Themen folgt ein Test, der das Gelernte wieder aufgreift. Die Lösungen finden Sie in *Corrigés*. Jetzt merken Sie, daß einiges hängengeblieben ist. Es läuft, *ça roule*!

12. Kaufen Sie sich ab und zu eine französische Zeitung, selbst wenn Sie nicht alles verstehen. Suchen Sie auch französische Sender im Radio oder französische Programme im Fernsehen.

Sollten Sie verkabelt sein, dann bietet Ihnen der deutsch-französische Sender «Arte» sicher jede Menge Anregungen.

Die Piktogramme im Übungsteil

Zur besseren Übersicht sind die praktischen Übungen durch Symbole gekennzeichnet. Im folgenden sind sie näher erläutert:

 ... heißt: Man soll die Übung in einem gesonderten Heft ausführen. Das Schreiben will geübt sein, in einem Taschenbuch ist dafür zu wenig Platz.

 ... heißt: Sie hören den Text oder die Übung von der Cassette.

 ... heißt: reden, sprechen, murmeln, plappern, die Sprechwerkzeuge trainieren. Sie müssen die Übung nicht unbedingt schriftlich fixieren.

 ... hier sollte der Denker von Rodin statt eines Piktogramms stehen, aber er paßt leider nicht ins Buch. Also, nachdenken ist hier angesagt, überlegen, die grauen Gehirnzellen anstrengen.

 ... heißt: Von der Cassette hören und nachsprechen. Sie sollen dabei intensiv auf Laute und Melodie achten.

 ... heißt: Das bisher Erlernte soll jetzt frei angewandt werden. Es geht darum, im Rollenspiel Hemmungen zu überwinden, sich in Situationen frei auszudrücken.

LA RENCONTRE

Dans la rue

Valentin Pardon Monsieur! «…»

Valentin Pardon Madame, pourriez-vous...

Une dame Je suis pressée.

Valentin Zut alors! Pardon Mademoiselle, pourriez-vous me dire où se trouve la FNAC?

Une jeune fille La quoi?

Valentin La FNAC, là où on vend des bouquins, des cassettes et des compacts.

J.F. Ah oui, je vois. C'est pas loin.

Valentin Pourriez-vous me dire comment j'y vais?

J.F. Ça dépend si vous voulez marcher ou pas.

Valentin Plutôt en métro.

J.F. La station est droit devant vous et c'est direct.

Valentin Pourriez-vous me dire combien coûte un carnet de tickets?

J.F. 45 francs environ. Prenez plutôt une carte orange.

Valentin Pourriez-vous me dire ce que c'est, la carte orange?

J.F. Une carte pour la semaine. Pourriez-vous me dire si ça vous suffit enfin?

Valentin Pourquoi, je vous ennuie? Bon, bon, merci et au revoir.

Dans le métro aux heures de pointe

Un monsieur Eh, oh!

Valentin Ben quoi?

Une dame Oh là là!

Un monsieur Arrêtez de pousser, jeune homme!

Valentin C'est pas de ma faute, on me pousse.

Une dame Ça y est, mon bas est filé. C'est malin. Qu'est-ce que je vais faire maintenant?

Valentin Je suis désolé, je ne l'ai pas fait exprès.

Une jeune fille On est tellement serré ici.

Valentin On se tient chaud.

Un monsieur Ça empire de jour en jour, les transports en commun. Ils augmentent sans cesse leurs tarifs et ils font encore la grève.

Une dame Et quand on voit dans quel état c'est! C'est dégoûtant. Et c'est tous les jours la même galère!

Valentin Vous descendez à la prochaine?

Une jeune fille Hein?

Valentin Vous me laissez passer?

Une jeune fille Ne vous énervez pas!

Au café

Valentin Vous permettez? C'est libre?

Une jeune fille Je ne sais pas.

Valentin Je peux jeter un coup d'œil sur votre journal?

J.F. Si vous voulez.

Valentin Vous venez souvent ici?

J.F. Non.

Valentin Vous attendez quelqu'un?

J.F. Occupez-vous de vos oignons!

Valentin Je peux vous offrir quelque chose?

J.F. Allez voir ailleurs si j'y suis!

Valentin Eh bien, vous n'êtes pas bavarde.

J.F. Vous, par contre, vous commencez à me gonfler.

Valentin OK, j'ai rien dit. Je vous rends votre journal. Salut, la princesse!

A la poste

Valentin Monsieur, s'il vous plaît, excusez-moi!

L'employé Vous voyez pas que je suis occupé?

Valentin Juste une petite question: combien il faut mettre pour envoyer une lettre au Japon?

L'employé Quoi?

Valentin Combien est-ce qu'il faut mettre de timbres pour le Japon?

L'employé Il faut peser. Donnez votre lettre! En recommandé?

Valentin Oui, parce que je....

L'employé 15 francs.

Valentin Est-ce que je pourrais envoyer un fax d'ici?

L'employé Guichet 8 pour la télécopie.

Valentin Je vous remercie pour votre amabilité. Mais si votre travail ne vous plaît pas, faites autre chose!

A une soirée

Valentin Bonsoir, Véronique.

Véronique Bonsoir, mais euh... nous nous connaissons?

Valentin Mais enfin, tu ne me reconnais pas?

Véronique Non, je ne vois pas. Vous êtes sûr que vous ne me confondez pas?

Valentin Mais si, à un séminaire de formation, à Lyon.

Véronique Ah oui! Valentin: ça alors, je ne t'ai pas reconnu.

Valentin Toi aussi t'as changé. Ça fait combien de temps?

Véronique Il y a bien une dizaine d'années. Je ne t'ai pas revu depuis le séminaire.

Valentin Ben oui, le temps passe. Qu'est-ce que tu deviens?

Véronique Ah, excuse-moi, voilà justement mon mari. Je vais te présenter. Voilà, chéri, je te présente Valentin, avec qui j'ai fait un séminaire il y a quelques années.

Le mari Très heureux.

REPONDEZ

A.
Vrai (v) ou faux (f)?

Une question par dialogue

		v	f
1.	Valentin demande le chemin pour aller à la FNAC.	☐	☐
2.	Il y a beaucoup de monde dans le métro.	☐	☐
3.	Valentin attend un ami au café.	☐	☐
4.	Valentin veut envoyer une lettre au Japon.	☐	☐
5.	Valentin et Véronique ne se connaissent pas.	☐	☐

B.
Vrai (v) ou faux (f)?

		v	f
1. Dans la rue			
a.	A la FNAC, on peut acheter des cassettes.	☐	☐
b.	Valentin est dans la rue.	☐	☐
c.	La carte orange coûte moins cher qu'un ticket.	☐	☐
2. Dans le métro			
a.	Il y a beaucoup de place.	☐	☐
b.	Le voyage en métro n'est pas agréable.	☐	☐
c.	Les gens sont contents des transports en commun.	☐	☐
3. Au café			
a.	Valentin veut regarder le journal.	☐	☐
b.	Valentin connaît la jeune fille.	☐	☐
c.	La jeune fille accepte son invitation.	☐	☐
4. A la poste			
a.	Valentin veut envoyer une lettre.	☐	☐
b.	Valentin doit aller au guichet 18.	☐	☐
c.	L'employé n'est pas gentil.	☐	☐
5. A une soirée			
a.	Véronique reconnaît Valentin tout de suite.	☐	☐
b.	Ils se sont rencontrés à un séminaire.	☐	☐
c.	Valentin connaît le mari de Véronique.	☐	☐

LA RENCONTRE
DIE BEGEGNUNG

Dans la rue
Auf der Straße

être pressé
es eilig haben
se trouver
sich befinden
la FNAC
französische Buch-
und Musikladenkette,
Tod der kleinen
Buchhändler
vendre
verkaufen
le bouquin ◊
Buch
la cassette
Kassette
le compact
CD
ça dépend
es kommt darauf an
la station
Station
environ
ungefähr
la carte orange
Wochenkarte für Bus
und Métro in Paris
suffire
reichen, genug sein

ennuyer
stören, belästigen

Dans le métro
In der Métro

l'heure de pointe (f)
Stoßverkehrszeit
pousser
drücken, drängen
la faute
Schuld, Fehler
ça y est
da haben wir es!
le bas
Strumpf
être filé
eine Masche haben
malin
schlau, geschickt
exprès
absichtlich
serré
eng
tenir
halten
chaud
warm
empirer
schlimmer werden
de jour en jour
von Tag zu Tag
les transports (m) en commun
öffentliche Verkehrs-
mittel
augmenter
erhöhen

le tarif
Tarif, Preis
sans cesse
ununterbrochen
quand
wenn
la même
dieselbe
l'état (m)
Zustand
dégoûtant
widerlich
la galère ◊
Strapaze, Unan-
nehmlichkeit
hein
unübersetzbarer
gallischer Füllaut,
steht nach Belieben
am Anfang oder Ende
des Satzes

Au café
Im Café

permettre
erlauben
jeter un coup d'œil sur
einen Blick werfen auf
souvent
oft
les oignons
Zwiebeln (siehe auch
expressions)

quelqu'un
  jemand
bavard, -e
  geschwätzig
par contre
  dagegen
gonfler ◊
  jmd. auf den Geist
  gehen
rendre
  zurückgeben
la princesse
  die Prinzessin

A la poste
  Auf der Post

l'employé, -e
  Angestellte, -r
être occupé
  beschäftigt sein
juste
  nur
la question
  Frage
mettre
  draufkleben
le timbre
  Briefmarke
peser
  wiegen
en recommandé
  per Einschreiben
parce que
  weil
le fax
  Fax

la télécopie
  Fax
l'amabilité (f)
  Freundlichkeit
le travail
  Arbeit
autre chose
  was anderes

A une soirée
  An einem Abend

mais enfin
  aber sag mal
si
  doch
reconnaître
  wiedererkennen
confondre
  verwechseln
le séminaire
  Seminar
la formation
  Ausbildung, Fort-
  bildung
ça alors!
  na so was
changer
  sich verändern
une dizaine
  etwa zehn
l'année (f)
  Jahr
depuis
  seit
passer
  vergehen

devenir
  werden
justement
  gerade
présenter
  vorstellen
avec qui
  mit wem
heureux, -se
  erfreut

Théorie et pratique

irrégulier
  unregelmäßig
important
  wichtig
comprendre
  verstehen
le pied
  Fuß
espagnol, -e
  spanisch
le plaisir
  Vergnügen
faire du ski
  Ski fahren
faire de la bicyclette
  radfahren
faire le café
  Kaffee kochen
faire la vaisselle
  spülen
faire des câlins
  schmusen

faire le ménage
putzen
faire partie de
gehören zu
faire connaissance
kennenlernen
mettre la lumière
Licht anschalten
mettre en boîte
necken
mettre au courant
informieren
mettre en marche
in Gang bringen
mettre à la porte
hinauswerfen
mettre la table den
Tisch decken
mettre en garde
warnen
mettre en question
in Frage stellen
mettre ses lunettes
seine Brille aufsetzen
se mettre à l'aise
es sich bequem
machen
se mettre d'accord
sich einigen
se mettre en colère
in Zorn geraten
mettre de la crème
sich eincremen
se reposer
sich erholen
perdre
verlieren
l'élection (f)
Wahl

répondre
antworten
dormir
schlafen
l'après-midi (m+f)
Nachmittag
la semaine
Woche
le dentiste
Zahnarzt
l'emploi du temps (m)
Stundenplan
le mot
Wort
lourd
schwül
mignon
süß
le bruit
Krach
le banc
Bank
le voisin
Nachbar
redire
wieder sagen,
betonen
refaire
wieder machen,
renovieren
relire
wieder lesen
revenir
wiederkommen,
zurückkommen
revoir
wiedersehen

Expressions

zut alors ◊
verflixt
ça suffit!
es reicht
**mêlez-vous de vos
oignons!** ◊
kümmern Sie sich
um Ihre eigenen
Angelegenheiten!
**allez voir ailleurs si
j'y suis!** ◊
gucken Sie mal
woanders, ob ich
nicht dort bin!
(Form des Weg-
schickens)
**vous commencez à
me gonfler**
Sie gehen mir
langsam auf die
Nerven
**qu'est-ce que tu
deviens?**
was treibst du
denn?
**ça fait combien
d'années?**
wie viele Jahre ist
es her?
**c'est pas de ma
faute**
das ist nicht meine
Schuld

A. Quelques verbes irréguliers importants

1. Pouvoir (pu)

Je	**peux**	téléphoner?
Tu	**peux**	me donner le journal?
Il/elle	**peut**	venir demain.
Nous	**pouvons**	vous offrir un verre.
Vous	**pouvez**	m'aider?
Ils/elles	**peuvent**	attendre.

Genauso: vouloir

2. Prendre (pris)

Je	**prends**	une douche.
Tu	**prends**	quelque chose?
Il/elle	**prend**	un café.
Nous	**prenons**	le métro.
Vous	**prenez**	la première rue.
Ils/elles	**prennent**	le petit déjeuner.

Genauso: apprendre, comprendre

3. Venir (venu)

Je	**viens**	de la poste.
Tu	**viens**	demain?
Il/elle	**vient**	en voiture.
Nous	**venons**	d'arriver.
Vous	**venez**	avec nous?
Ils/elles	**viennent**	à pied.

Genauso: devenir

4. Attendre (attendu)

J'	**attends**	quelqu'un.
Tu	**attends**	le métro?
Il/elle	**attend**	depuis une heure.
Nous	**attendons**	notre tour.
Vous	**attendez**	un peu?
Ils/elles	**attendent**	un coup de téléphone.

Genauso: descendre, vendre, confondre

A-1 Ne parlez pas français comme une vache espagnole.

1. Vous ..._allez_... tout droit. (aller)
2. Je .... à Concorde. (descendre)
3. Ils .... à la poste. (aller)
4. Nous .... des amis. (attendre)
5. Véronique .... tout de suite. (venir)
6. La FNAC .... des livres. (vendre)
7. Tu .... à pied. (aller)
8. Vous .... avec moi. (venir)
9. Nous .... un verre. (prendre)

PRATIQUE

A-2 Conjuguez!

1. Je peux le faire tout seul.
2. Je ne vends pas de voiture d'occasion.
3. Je deviens génial.
4. Je descends à la prochaine.

A-3 Si tu veux, tu peux – vouloir ou pouvoir?

1. Je ..._peux_... t'offrir quelque chose?

   Oui, je ..._veux_... *bien une bière.*

2. Vous .... aller à pied ou en voiture?

   En voiture, je ne .... *pas marcher, j'ai mal à la jambe.*

3. Pardon, est-ce que vous .... m'aider, s'il vous plaît?

   Si je ...., *avec plaisir.*

4. Nous allons au cinéma, vous .... venir avec nous?

   Non, nous ne .... *pas, nous avons rendez-vous.*

5. Est-ce que je .... téléphoner?

   Vous .... *prendre la cabine 3.*

6. Est-ce que je .... aller à la Tour Eiffel en métro?

   Oui, mais vous .... *aussi prendre l'autobus.*

7. Qu'est-ce qu'ils ....?

   Ils .... *de l'argent.*

B. Deux verbes importants:
faire et mettre

Ils **font** la grève.	Sie streiken.
Si votre travail ne vous plaît pas, **faites** autre chose.	Wenn Ihre Arbeit Ihnen nicht gefällt, machen Sie doch was anderes.

faire (fait)

je	**fais**	nous	**faisons**
tu	**fais**	vous	**faites**
il/elle	**fait**	ils/elles	**font**

Das Verb **faire** wird in vielen Ausdrücken verwendet.

faire du ski	Ski fahren
faire de la bicyclette	radfahren
faire le café	Kaffee kochen
faire la vaisselle	spülen
faire des câlins	schmusen
faire le ménage	putzen
faire partie de	gehören zu
faire connaissance	kennenlernen

Combien il faut **mettre** pour envoyer une lettre au Japon?	Wieviel kostet ein Brief nach Japan?

mettre (mis)

je	**mets**	nous	**mettons**
tu	**mets**	vous	**mettez**
il/elle	**met**	ils/elles	**mettent**

B-1 Qui fait quoi?

Le planning
de la semaine

Um Streit im Haushalt zu vermeiden, sind die Aufgaben für die Woche verteilt worden. Erklären Sie, wer was machen soll:

Je mets de l'ordre dans la maison.

	moi	toi	Luc	nous	vous	les enfants
1. mettre de l'ordre dans la maison	■					
2. faire la cuisine		■				
3. faire le café le matin			■			
4. faire du sport				■		
5. mettre la table						■
6. mettre les lettres à la boîte					■	
7. faire faire pipi au chien						■
8. mettre le chien à la porte		■				
9. faire la vaisselle					■	
10. mettre le linge dans la machine à laver			■			
11. faire les courses				■		
12. faire manger les enfants			■			
13. faire les lits					■	
14. faire le ménage	■					
15. faire un gâteau pour l'anniversaire de Zoé			■			

THÉORIE

1. Stellen – stecken – setzen – legen

Je **mets** la tasse sur la table.	Ich **stelle** die Tasse auf den Tisch.
Il **met** la lettre à la boîte.	Er **steckt** den Brief in den Briefkasten.
Elle **met** ses lunettes.	Sie **setzt** ihre Brille auf.
Mets le journal ici!	**Leg** die Zeitung hier hin!

2. anziehen

Nous **mettons** notre manteau.	Wir **ziehen** den Mantel **an**.

3. anmachen – anschalten

Vous **mettez** la radio?	**Macht** ihr das Radio **an**?
Je **mets** la lumière.	Ich **schalte** das Licht **an**.

Das Verb **mettre** hat ganz unterschiedliche Bedeutungen und wird, genauso wie **faire**, in den unterschiedlichsten Ausdrücken verwendet.

mettre en boîte	necken
mettre au courant	informieren
mettre en marche	in Gang bringen
mettre à la porte	hinauswerfen
mettre la table	den Tisch decken
mettre en garde	warnen
mettre en question	in Frage stellen
mettre ses lunettes	seine Brille aufsetzen
se mettre à l'aise	es sich bequem machen
se mettre d'accord	sich einigen
se mettre en colère	in Zorn geraten
se mettre de la crème	sich eincremen

Thème 1

Note culturelle

In Paris ist die Métro das effektivste und schnellste Verkehrsmittel. Die Linien sind numeriert und durch ihre beiden Endstationen bezeichnet. Die blauen Schilder geben die Richtung (direction) an, die weißen und gelben Schilder weisen auf die Umsteigemöglichkeiten (correspondances). Die Einzelkarte gilt für den ganzen Tag, vorausgesetzt, man verläßt die Station nicht. Ein «carnet» entspricht einer Zehnerkarte und ist preisgünstiger. Die «carte orange» ist eine Woche gültig. Die Fahrkarten werden vorn in die Kontrollschranke eingeführt, man geht durch die Sperre durch und nimmt die entmagnetisierte Fahrkarte in Empfang. Schwarzfahrer springen über die Sperre.

THÉORIE

Attention!

Me, te und **se** werden **m', t'** und **s'**, wenn das Verb mit einem Vokal anfängt.
Bestimmte Verben sind auf französisch reflexiv, aber nicht auf deutsch:

anhalten
s'arrêter
ins Bett gehen
se coucher
heißen
s'appeler
aufwachen
se réveiller
aufstehen
se lever

C. Les verbes pronominaux
Die reflexiven Verben

Je me lève à sept heures.	Ich stehe um 7 Uhr auf.
Je m'habille.	Ich ziehe mich an.
Tu te rases?	Rasierst du dich?
Tu t'appelles Pierre?	Heißt du Pierre?
Elle se repose.	Sie erholt sich.
Il s'arrête devant la maison.	Er hält vor dem Haus.
Nous nous couchons tôt.	Wir gehen früh ins Bett.
Vous vous dépêchez.	Ihr beeilt euch.
Elles se trompent.	Sie irren sich.
Ils s'excusent.	Sie entschuldigen sich.

Subjekt +	me/m'	+ Verbform
	te/t'	
	se/s'	
	nous	
	vous	
	se/s'	

Einige Verben ändern in der reflexiven Form ihre Bedeutung:

appeler	rufen	s'appeler	heißen
changer	sich verändern	se changer	sich umziehen
arrêter	aufhören	s'arrêter	anhalten
coucher	ins Bett bringen	se coucher	ins Bett gehen
ennuyer	ärgern	s'ennuyer	sich langweilen
rappeler	zurückrufen	se rappeler	sich erinnern

Außerdem:

	se doucher	sich duschen
	se brosser les dents	sich die Zähne putzen
	se laver	sich waschen
	se réveiller	aufwachen
	se reposer	sich ausruhen

C-1 Une journée intéressante

Conjuguez à toutes les personnes:

Le matin, je .... à six heures (se réveiller). Je

.... tout de suite (se lever). Je vais à la salle de

bain, je ...., je.................................... et je

...................., ..., ...

(se doucher) (se brosser les dents) (se raser). Puis je ....

(s'habiller). Après le petit déjeuner, je .... pour

aller au bureau (se dépêcher). A midi, je .... un peu

(se promener). Après le travail, je .... devant la

télévision (se reposer). Je .... tôt (se coucher). Le

matin, je.................... à six heures .... (se lever).

LA RENCONTRE

THÉORIE

D. Le passé composé

Je ne t'**ai** pas **reconnu**.	Ich habe dich nicht wiedererkannt.
Tu **as changé**.	Du hast dich verändert.

1. Passé composé avec avoir

J'ai	**acheté** le journal.
Tu as	**travaillé** hier?
Elle a	**visité** Paris.
Il a	**mangé** au restaurant.
Nous avons	**rencontré** un collègue.
Vous avez	**payé**?
Elles ont	**fermé** la porte.
Ils ont	**habité** en France.

2. Passé composé avec être

		Je nach Person auch:
Je suis	**né** en Allemagne.	née
Tu es	**resté** à la maison.	restée
Elle est	**arrivée**.	
Il est	**entré** dans la maison.	
Nous sommes	**partis** en vacances.	parties
Vous êtes	**montés** dans le train.	montées, monté, montée
Elles sont	**descendues** de la voiture.	
Ils sont	**venus** hier.	

Passé composé: Präsens von avoir oder être + participe passé

Attention!

Mit **être** verändert sich das Partizip und richtet sich in Geschlecht und Zahl nach dem **Subjekt**.

Beobachten Sie, **vous** gilt für: 1. Ihr (männlich) 2. Ihr (weiblich) 3. Sie (männlich/Einzahl) 4. Sie (weiblich/Einzahl).

D-1 Ecrivez

au passé composé:

a. Verben mit Partizipien auf -é

1. Hier, j' *ai travaillé* .... très tard. (travailler)
2. Nous .... à la cantine. (manger)
3. Ils .... une maison. (acheter)
4. Tu .... le film? (aimer)
5. Vous .... à la gare? (téléphoner)
6. Hier soir, les enfants .... le film à la télé. (regarder)
7. Elle .... aux USA. (habiter)
8. Ce week-end, je .... à la maison. (rester)
9. Nous .... au Lotto. (gagner)
10. Tu .... hier soir? (arriver)
11. Tu .... la radio? (écouter)

b. Verben mit Partizipien -u

1. Hier soir, j' *ai bu* .... beaucoup de vin. (boire)
2. Vous .... le journal aujourd'hui? (lire)
3. Ils .... le métro 10 minutes. (attendre)
4. Il .... peur. (avoir)
5. Nous .... un bon film. (voir)
6. Vous .... à la lettre? (répondre)
7. Le parti socialiste .... les élections. (perdre)

c. Verben mit Partizipien -i oder -is oder -it

1. Vous *avez choisi* .... le vin? (choisir)
2. Nous .... du Bordeaux. (prendre)
3. J' .... jusqu'à 10 heures. (dormir)
4. Ils .... au problème. (réfléchir)
5. Où tu .... la lettre? (mettre)
6. Il .... son travail. (finir)
7. Elle .... non. (dire)
8. J' .... l'anglais à l'école. (apprendre)
9. Vous .... ? (comprendre)

THÉORIE

Etre ou ne pas être? C'est la question.

Wann wird das Hilfsverb être verwendet?

1. Bei reflexiven Verben

je **me suis** arrêté	arrêtée
tu **t'es** promené	promenée
elle **s'est** habillée	
il **s'est** calmé	
nous **nous sommes** amusés	amusées
vous **vous êtes** levés tôt	levé, levée, levées
elles **se sont** dépêchées	
ils **se sont** disputés	

2. Bei Verben, die eine Bewegung oder einen Zustand ausdrücken:

aller gehen
arriver ankommen
descendre aussteigen, nach unten gehen
monter einsteigen, nach oben gehen
entrer hinein-/ hereingehen
rentrer nach Hause gehen
sortir ausgehen, hinausgehen
venir kommen
partir weggehen, wegfahren
rester bleiben
naître geboren werden
mourir sterben
tomber fallen
passer vorbeikommen

Leider gibt es viel mehr unregelmäßige Partizip-Forme. Mehr Ausnahmen ab Seite 299.

So wird das participe passé gebildet:

Verben auf -er → -é
manger: j'ai mang**é**
aller: je suis all**é**

Verben auf -ir → -i
dormir: j'ai dorm**i**
partir: je suis part**i**

Verben auf -ire → -it
dire: j'ai d**it**
écrire: j'ai écr**it**

Verben auf -oir/oire/ire → -u
boire: j'ai b**u**
voir: j'ai v**u**
lire: j'ai l**u**

Verben auf -dre → -du
attendre: j'ai attend**u**
descendre: je suis descend**u**

Verben auf -tre/dre → -is
mettre: j'ai m**is**
prendre: j'ai pr**is**

außerdem:
avoir: j'ai **eu** – être: j'ai **été** – faire: j'ai **fait**
ouvrir: j'ai **ouvert** – vivre: j'ai **vécu** – mourir: je suis **mort**

D-2 Je veux tout savoir!

Répondez aux questions!
Beantworten Sie die Fragen!

1. Qu'est-ce que vous avez fait hier à 5 heures de l'après-midi?
2. Qu'est-ce que vous avez mangé hier à midi?
3. Qu'est-ce que vous avez bu hier soir?
4. Quand avez-vous lu le journal la dernière fois?
5. Qu'est-ce que vous avez acheté la semaine dernière?
6. Combien d'heures avez-vous travaillé la semaine dernière?
7. Qui avez-vous rencontré la semaine dernière?
8. Qu'est-ce que vous avez vu dans la rue?

le préservatif

mode d'emploi

Sortez couverts !

THÉORIE

E. Le futur proche

Comment je **vais faire** maintenant?
Was mache ich denn jetzt?
Je **vais** te présenter.
Ich werde dich vorstellen.

Je	**vais prendre**	le métro.
Tu	**vas boire**	quelque chose?
Elle/il	**va arriver**	tout de suite.
Nous	**allons téléphoner.**	
Vous	**allez voir**	le film?
Ils/elles	**vont faire**	les courses.

Futur proche: Subjekt + **aller** + Infinitiv
Es bezeichnet 1. was demnächst passiert 2. was
wahrscheinlich passieren wird.

E-1 Un emploi du temps chargé

Ein voller Stundenplan

Erzählen Sie, was Sie in den nächsten Tagen zu tun haben.

1. Lundi, je vais aller chez le dentiste à 9.00 heures.
2. ....

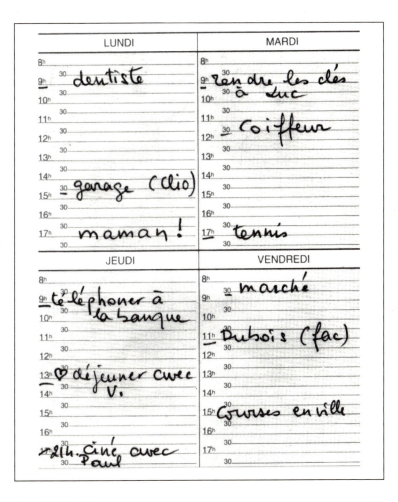

LUNDI	MARDI
8ʰ	8ʰ
9ʰ dentiste	9ʰ rendre les clés à Luc
10ʰ	10ʰ
11ʰ	11ʰ coiffeur
12ʰ	12ʰ
13ʰ	13ʰ
14ʰ garage (clio)	14ʰ
15ʰ	15ʰ
16ʰ	16ʰ
17ʰ maman!	17ʰ tennis

JEUDI	VENDREDI
8ʰ	8ʰ marché
9ʰ téléphoner à la banque	9ʰ
10ʰ	10ʰ
11ʰ	11ʰ Dubois (fac)
12ʰ	12ʰ
13ʰ ♡ déjeuner avec V.	13ʰ
14ʰ	14ʰ
15ʰ	15ʰ courses en ville
16ʰ	16ʰ
21ʰ. ciné avec Paul	17ʰ

THÉORIE

F. Le mot juste pour faire le premier pas
Kontakt-Spray

Excusez-moi, pourriez-vous me dire...

Il fait beau (chaud, froid, lourd) aujourd'hui.

Il est mignon, le bébé (le chien, le chapeau, le pull).

C'est libre?

Vous avez du feu?

On s'est pas déjà vus quelque part?

Qu'est-ce que vous buvez?

Quel bruit, ici!

Vous faites partie de la famille?

Vous venez souvent ici?

Je peux jeter un coup d'œil sur votre journal (votre plan, vos notes, votre guide)?

On est serré.

Ça fait longtemps que vous attendez?

H. Même

C'est tous les jours **la même** galère.

Es ist jeden Tag dieselbe Strapaze.

la même galère
dieselbe Strapaze
le même livre
dasselbe Buch
les mêmes cassettes
dieselben Kassetten
les mêmes livres
dieselben Bücher

Artikel + **même(s)**
+ Substantiv

G. Faire et refaire

Tu ne me **reconnais** pas?
Erkennst du mich nicht wieder?
Je ne t'ai pas **revu** depuis.
Ich habe dich seitdem nicht wiedergesehen.

connaître	reconnaître	wiedererkennen
voir	revoir	wiedersehen
dire	redire	wieder sagen, betonen
faire	refaire	wieder machen, renovieren
venir	revenir	wieder-, zurückkommen
lire	relire	wieder lesen

re- vor einem Verb bedeutet **wieder**.

F-1 Que dites-vous:

1. à une vieille dame assise sur un banc? **2.** à une jeune femme à un cocktail? **3.** à un monsieur qui attend le métro? **4.** à une baby-sitter dans un parc? **5.** à des jeunes dans une boîte (disco)? **6.** à votre voisin/voisine à la plage? **7.** à la personne assise à côté de vous à un mariage? **8.** à une personne qui lit le journal dans le métro? **9.** à un enfant qui promène son chien?

Plusieurs réponses sont possibles. Laissez libre cours à votre imagination! *Lassen Sie Ihrer Fantasie freien Lauf!*

G-1 Complétez les phrases!

1. J'ai rencontré un homme super à la soirée, j'aimerais le … . **2.** Valentin n'est pas encore là, mais il … bientôt. **3.** Tu as beaucoup changé, je ne t'ai pas… . **4.** Ce café n'est pas bon, je vais en … . **5.** J'ai beaucoup aimé ce livre, j'ai envie de le … .

L'intrus – Der Eindringling

Ein Wort oder ein Ausdruck paßt nicht in der Reihe.

a. 1. faire la cuisine **2.** faire le ménage **3.** faire du ski **4.** faire la vaisselle **5.** faire le café.
b. 1. le métro **2.** la carte orange **3.** la grève **4.** les transports en commun **5.** le carnet de tickets **6.** la station.

Demandez-le plus poliment!

1. Où se trouve la rue de la République?
Pourriez-vous me dire où se trouve la rue de la République?
2. Quand part l'autobus? **3.** Combien coûte le journal? **4.** Comment s'appelle le film ? **5.** Les transports sont en grève, pourquoi?

H-1 Toujours la même chose!

1. Tu as **une nouvelle voiture** ? *Non, c'est toujours la la même.*

1. une nouvelle voiture; **2.** un nouveau copain; **3.** un nouvel appartement; **4.** de nouveaux compacts; **5.** de nouveaux bouquins; **6.** de nouvelles cassettes; **7.** un nouveau costume; **8.** une nouvelle cravate; **9.** une nouvelle maison; **10.** de nouveaux parfums; **11.** un nouveau travail.

ÉCOUTEZ

Ecoutez chaque dialogue deux fois et répondez aux questions.

Dialogue 1: Au café

Vrai (v) ou faux (f)?

	v	f
1. M. Durand et M. Dubois ne se sont pas vus depuis deux jours.	☐	☐
2. M. Durand est très occupé.	☐	☐
3. M. Dubois prend un thé.	☐	☐
4. Les transports en commun ne marchent pas.	☐	☐

Dialogue 2: A une soirée

vrai (v) ou faux (f)?

	v	f
1. Catherine connaît le mari de Véronique depuis longtemps.	☐	☐
2. Catherine a rencontré Véronique à un séminaire.	☐	☐
3. On pousse Catherine.	☐	☐
4. On est serré à cette soirée.	☐	☐

Prononciation

Mettez la cassette, appuyez sur le bouton, écoutez et répétez après chaque mot.

je peux, je veux, heureux
jeter, venez, je fais, peser, prenez, je vais
j'ai fait, pressé, serré, descendez
permettre, la lettre, mettre, tellement
princesse, sans cesse

Ecoutez les expressions et répétez.

oh là là! hein? quoi? ah oui! mais euh.. mais enfin! ben oui! ça alors! mais si! zut alors! ça y est! ça y est? pourriez-vous me dire ... c'est pas de ma faute.

Mini-dialogues

A Je peux **avoir un café**?
B Qu'est-ce que vous voulez?
A Est-ce que je pourrais **avoir un café**?

1. avoir un café; **2.** avoir un timbre; **3.** avoir du feu; **4.** envoyer un fax; **5.** vous revoir; **6.** prendre cette chaise; **7.** avoir un journal.

A Qu'est-ce que vous voulez?
B Je voudrais **un café**.
A Vous **le** voulez avec **du lait**?
B Non, sans **lait**.

1. un café/ du lait; **2.** une voiture/ une radio; **3.** un thé/ du sucre; **4.** une pizza/ oignons **5.** cartes postales/ des timbres **6.** un gâteau/ de la crème.

Maxi-dialogues

A est assis/e sur un banc dans un jardin public et lit le journal. **B** arrive et veut bavarder avec **A**. Mais **A** n'a pas envie.

A est dans le train. Le contrôleur arrive. **A** ne trouve pas son billet.

A rentre à la maison par le premier métro. **B** lui marche sur le pied. Le bas de **A** est filé. D'autres rôles sont possibles: un touriste, le métro, une vieille dame …

LA RENCONTRE AUJOURD'HUI

la solitude
Einsamkeit
de plus en plus
immer mehr
rare
selten
la communication
Kommunikation
la nouveauté
Neuigkeit
technique
technisch
froid
kalt

Seize millions d'hommes et de femmes vivent actuellement seuls en France. La solitude est devenu le problème des grandes villes. Où peut-on aujourd'hui faire connaissance et rencontrer l'homme ou la femme de sa vie?

La vraie rencontre est de plus en plus rare et la communication entre les gens de plus en plus difficile, surtout dans les grandes villes. Avec le téléphone, le fax et autres nouveautés techniques, la communication est devenue froide. Et puis, on ne peut pas tout se dire au téléphone.

On ne s'écrit plus. Fini le temps des lettres d'amour parfumées au jasmin qu'on ouvrait le cœur battant et qu'on pouvait lire et relire.

La ville offre beaucoup d'occasions et pourtant, on ne se rencontre pas. D'après un sondage, 77% de Français et Françaises rêvent de rencontrer la personne à qui ils pourront enfin dire «je t'aime».

Dans les villages, tout le monde se connaît. On se retrouve à la fête du 14 Juillet, dans la famille, aux mariages. On n'est jamais seul. Mais maintenant, dans les villes, on ne connaît plus ses voisins. Alors, où vont les gens pour rencontrer d'autres personnes? 76 % préfèrent les bals ou les discothèques. Tout le monde se

les gens
die Leute
parfumé/e
parfümiert
le cœur
Herz
le cœur battant
mit Herzklopfen
d'après
nach
le sondage
Umfrage
rêver
träumen
le bal
Tanz

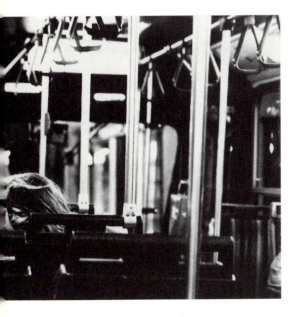

draguer ◊
anmachen
le sida
AIDS
participer
teilnehmen
partager
teilen
le groupe
Gruppe
le retraité
Rentner
en réalité
eigentlich
possible
möglich
oser
wagen
le pas
Schritt

parle sans se connaître. On y drague beaucoup. Mais avec le sida, on a peur des rencontres de hasard.

D'autres préfèrent voyager, participer à des séminaires ou faire du sport. On rencontre beaucoup de monde dans les clubs sportifs, au Club Med, dans les séminaires ou en faisant des voyages organisés. En effet, il est plus facile de faire connaissance en partageant la vie de groupe. Les retraités se retrouvent plutôt dans les clubs de bridge ou de scrabble.

En réalité, la rencontre est possible partout: dans la rue, dans les cafés, dans les transports en communs. Il faut être ouvert aux autres, accepter les occasions et avoir le temps. Et puis oser le premier pas et le premier mot!

Compris?

Vrai (v) ou faux (f)?

	v	f
1. Beaucoup de Françaises et Français vivent seuls.	□	□
2. Les gens se rencontrent de plus en plus.	□	□
3. On s'écrit encore beaucoup.	□	□
4. Dans les villes on connaît les gens qui vivent à côté.	□	□
5. Dans les discothèques tout le monde se parle.	□	□
6. On fait connaissance en faisant du sport.	□	□
7. Il n'est pas possible de faire connaissance dans la rue.	□	□

A vous!

1. Que faites-vous pour rencontrer des gens?

2. Où avez-vous rencontré votre mari/femme ou votre ami/amie?

3. Est-ce que vous connaissez bien vos voisins?

L'INVITATION

Au téléphone

Il est 10 heures du soir, le téléphone sonne.
Arnaud décroche.

Arnaud Allô...

Nathalie C'est toi, Arnaud?

Arnaud Mais oui, c'est moi. Qui est à l'appareil?

Nathalie C'est Nathalie.

Arnaud Bonsoir, quelle surprise! On ne t'a pas
souvent au bout du fil. Ça va?

Nathalie Pas trop mal, enfin, je n'ai pas trop la
pêche en ce moment, mais ce n'est pas grave.
Et toi? Ça va?

Arnaud Très bien! Surtout quand je t'entends!

Nathalie Emmanuelle est là? Tu pourrais me la
passer?

Arnaud Non, Emmanuelle n'est pas là, elle est
à New York pour une affaire super!

Toujours au téléphone

Nathalie   A New York! Ça alors! Et toi? Tu restes tout seul?

Arnaud   Mais oui! Je profite de ma liberté! Et j'ai le temps pour toi aussi!

Nathalie   Oh là là! Tu ne changes pas! Bon, voilà, je téléphone parce que je voudrais faire une petite bouffe chez moi et j'aimerais vous inviter tous les deux.

Arnaud   Tu peux m'inviter tout seul.

Nathalie   Dis, quand est-ce qu'elle revient? Dans deux jours, dans trois mois?

Arnaud   Tu plaisantes! Non, dans une semaine, hélas!

Nathalie   Bon, alors, vendredi la semaine prochaine, d'accord?

Arnaud   Bien sûr! Pourquoi pas? Mais ce serait bien d'aller dîner un soir ensemble?

Nathalie Alors? Tu t'ennuies tout seul?

Arnaud Mais non, j'ai envie de te voir.

Nathalie Désolée, je n'ai pas le temps!

Arnaud T'es pas sympa!

Nathalie Bon, allez, à vendredi à 8 heures. Je t'embrasse.

Arnaud Je t'embrasse aussi, mais tu regretteras mon invitation! J'aurais vraiment aimé te voir.

Nathalie raccroche.

Les retrouvailles

Jeudi, sept heures et demie.

On sonne à la porte, Nathalie ouvre.

Elle sort de la douche.

Emmanuelle Bonsoir, oh je crois qu'on arrive trop tôt … ! Mais continue, ne t'occupe pas de nous!

Nathalie Bonsoir, ça va?

Emmanuelle Très bien. Mais dis-donc, t'en fais une tête, c'est vrai, on est un peu en avance, mais prends ton temps!

Nathalie Quel jour on est?

Emmanuelle Depuis ce matin, jeudi! Pourquoi? Tu ne nous attendais pas? Est-ce qu'on s'est trompé de jour? Zut, alors!

Nathalie Je n'ai pas dit vendredi, Arnaud? Mais ce n'est pas grave! Ne restez pas devant la porte, entrez! Installez-vous! Je suis prête dans cinq minutes.

La dispute

Emmanuelle Vraiment Arnaud, t'aurais pu faire attention! On a l'air malin!

Arnaud Désolé! Mais te prends pas la tête!

Emmanuelle Et ta tête, elle est où?

Arnaud Ouais, j'aurais dû le noter dans mon agenda! Que veux-tu faire?

Emmanuelle Eh bien, on repart!

On s'arrange

Nathalie Mais non, mais non, restez! On va s'arranger. J'ai des trucs sympas au congélateur.

Arnaud Tiens, voilà quelques fleurs pour me faire pardonner!

Nathalie Mais il ne fallait pas! Venez, on va prendre un petit apéro!

Arnaud Pour te dire la vérité, j'avais tellement envie de te voir qu'on est venus un jour plus tôt!

Nathalie Arnaud, voyons!

Le dîner

Il est 9 heures, ils se mettent à table.

Nathalie Et New York, c'était comment?

Emmanuelle Etonnant, dément... tu pourrais me passer le pain? C'est giga, c'est la ville la plus géniale du monde, la plus étonnante, la plus intellectuelle, la plus violente aussi. Mais la plus merveilleuse!

Nathalie Mais qu'est-ce que tu as fait là?

Emmanuelle J'ai pris des contacts pour un nouveau produit anti-rides.

Nathalie Super, mais tu ne penses pas qu'il y en a déjà assez ici?

Emmanuelle Mais non, c'est un truc révolutionnaire! Je t'explique en trois mots.

Nathalie Je ne savais pas que tu allais à New York! Dommage, tu aurais pu m'acheter un sac en toile et cuir chez «Peggy»! Ils sont hyper-chouettes!

Emmanuelle OK! La prochaine fois!

Nathalie Bon, je vais chercher la suite à la cuisine!

Le flirt

Arnaud Nathalie, ton dîner surgelés-micro-
ondes est tout simplement délicieux! Comme
toi!

Nathalie Hum! Goûte-moi ce petit vin de
Cahors, tu m'en diras des nouvelles!

Arnaud Il est très bon. Emmanuelle est
incapable de raconter son voyage! Elle est
vraiment nulle!

Nathalie Tu exagères!

Arnaud Et nous deux, on ne pourrait pas aller
dîner un soir tranquille?

Nathalie Tu ne changeras jamais! Mais
Emmanuelle est mon amie!

Arnaud Ah, les bonnes amies! Tu es naïve!
Alors, je te téléphone demain et on prend
rendez-vous, d'accord?

La conversation

Nathalie Oh la la, vous avez entendu, on dirait
qu'il y a de l'orage dans l'air.

Emmanuelle On aurait dû fermer les fenêtres avant de partir!

Nathalie Encore un peu de fromage?

Emmanuelle Non merci, je me réserve pour le dessert.

Nathalie Il n'y en a pas!

Emmanuelle Tu sais que Arnaud a un plan complètement débile pour l'été prochain, il veut se retirer dans un monastère.

Nathalie Comme Stéphane? Il serait aussi allé dans un endroit comme ça. C'est pour méditer?

Emmanuelle Bof! Je me demande bien aussi avec qui! Quel mec! Par moments, j'en ai assez! C'est la galère!

Nathalie Vous commencez à me fatiguer avec vos histoires!

Les adieux

Arnaud Il faut partir, allez, on y va, il est tard.

Emmanuelle Et moi, avec le décalage horaire, je pourrais dormir le jour et rester debout la nuit!

Arnaud Encore merci pour la très bonne soirée improvisée et n'oublie pas ta promesse!

Emmanuelle Si tu as le temps, on se téléphone et on bavarde tranquillement.

Arnaud Bon, salut, moi je vais encore boire quelque chose avec des copains!

Seule de nouveau

Nathalie Ouf! Enfin! Ces deux-là, je ne les réinviterai plus.

REPONDEZ

A.
Vrai (v) ou faux (f)?

	v	f
Une question par dialogue		
1. Nathalie et Arnaud sont au café.	☐	☐
2. Ils prennent rendez-vous pour la semaine prochaine.	☐	☐
3. Arnaud et Emmanuelle viennent un jour plus tôt.	☐	☐
4. Arnaud n'a pas fait attention au jour de l'invitation.	☐	☐
5. Nathalie prépare un petit repas.	☐	☐
6. Emmanuelle n'aime pas New York.	☐	☐
7. Arnaud n'aime pas du tout Nathalie.	☐	☐
8. Emmanuelle parle d'Arnaud.	☐	☐
9. Ils vont boire un pot. Tous les trois.	☐	☐

B.

C'est juste? Vrai (v) ou faux (f)?

	v	f

Au téléphone

1. Nathalie veut parler à Arnaud. ☐ ☐
2. Emmanuelle prend une douche. ☐ ☐

Toujours au téléphone

3. Nathalie veut inviter Arnaud à passer le week-end. ☐ ☐
4. Arnaud s'ennuie seul à la maison. ☐ ☐

Les retrouvailles

5. Emmanuelle et Arnaud sont à l'heure. ☐ ☐
6. Le dîner est prêt. ☐ ☐

La dispute

7. Arnaud a noté le dîner dans son agenda. ☐ ☐
8. Emmanuelle et Arnaud repartent. ☐ ☐

On s'arrange

9. Nathalie possède un congélateur. ☐ ☐
10. Ils vont boire l'apéritif. ☐ ☐

Le dîner

11. Emmanuelle est allée à New York. ☐ ☐
12. Emmanuelle a trouvé un nouveau produit anti-rides. ☐ ☐

Le flirt

13. Le vin de Cahors est bon. ☐ ☐
14. Arnaud invite Nathalie à dîner. ☐ ☐

La conversation

15. Arnaud veut aller au Club Med. ☐ ☐
16. Emmanuelle trouve le projet d'Arnaud extraordinaire. ☐ ☐

Les adieux

17. Emmanuelle est fatiguée. ☐ ☐
18. Nathalie veut les réinviter. ☐ ☐

VOCABULAIRE

L'INVITATION
DIE EINLA-
DUNG

Au téléphone
Am Telefon

décrocher
abnehmen (Hörer)
Allô
Hallo (am Telefon)
l'appareil (m)
der Apparat
au bout du fil
am Apparat
le bout
Ende
mal
schlecht
avoir la pêche ◊
gut „drauf" sein,
gute Laune haben
passer
weitergeben
(am Telefon)

Toujours au
téléphone
Noch am Telefon

ça alors!
so was!
la liberté
die Freiheit

la bouffe ◊
Essen
revenir
zurückkommen
plaisanter
Witze machen,
scherzen
hélas
leider
(s')embrasser
umarmen, küssen
raccrocher
auflegen

Les retrouvailles
Wiedersehen

la porte
Tür
sortir de
herauskommen
dis donc
sag mal
faire une tête
eine komische Miene
ziehen
en avance
zu früh
s'installer
Platz nehmen
prêt
bereit, fertig

La dispute
Der Streit

faire attention
sich in acht nehmen,
aufpassen

avoir l'air malin
dumm dastehen
la tête
Kopf
l'agenda (f)
Notizbuch, Kalender

On s'arrange
Man arrangiert
sich

le congélateur
Tiefkühltruhe
les trucs sympas
etwas Schönes
la fleur
Blume
pardonner
verzeihen
la vérité
die Wahrheit
plus tôt
früher
voyons!
ich bitte dich/Sie

Le dîner
Das Abendessen

se mettre à table
sich zum Essen
setzen
étonnant
erstaunlich
dément ◊
wahnsinnig
giga ◊
riesig

intellectuel, le
  intellektuell
violent
  gewalttätig
merveilleux, -euse
  wunderbar
le contact
  Kontakt
le produit
  Produkt
anti-rides
  gegen Falten
révolutionnaire
  revolutionär
expliquer
  erklären
en cuir
  aus Leder
la toile
  Leinen
aller chercher
  abholen
la suite
  der Rest, die Folge

Le flirt
  Der Flirt

surgelé
  tiefgekühlt
le micro-ondes
  Mikrowelle
délicieux, -euse
  köstlich
goûter
  probieren
les nouvelles (f)
  Neuigkeiten (siehe
  auch expressions)

unfähig
  incapable
nul, -le
  unfähig
changer
  ändern
naïf, -ïve
  naiv
prendre rendez-vous
  sich verabreden

La conversation
  Das Gespräch

l'orage (m)
  Gewitter
l'air (m)
  Luft
la fenêtre
  Fenster
se réserver pour
  einhalten, um Platz zu
  haben im Bauch für
  den nächsten Gang
avoir un plan
  etwas vorhaben
débile
  idiotisch
l'été (m)
  Sommer
se retirer
  sich zurückziehen
le monastère
  Kloster
méditer
  meditieren

le mec ◊
  Typ
en avoir assez de
  genug von etwas
  haben
fatiguer
  ermüden
l'histoire (f)
  Geschichte

Les adieux
  Auf Wiedersehen

falloir
  müssen, sollen
  (nur 3. Person il faut)
il faut
  man muß, es ist
  notwendig, man
  braucht
on y va
  gehen wir!
le décalage horaire
  Zeitverschiebung
rester debout
  aufbleiben
improviser
  improvisieren
la promesse
  Versprechen
bavarder
  schwätzen

Seule de nouveau
  Wieder allein

de nouveau
  wieder

Théorie et pratique

savoir
  wissen
la gentillesse
  Anmut
convaincre
  überzeugen
la réclamation
  Reklamation
être à l'heure
  pünktlich sein
fermer
  zuschließen
le conseil
  Ratschlag
regarder
  schauen
le correspondant
  Gesprächspartner
  (am Telefon)
de la part de
  von
se taire
  schweigen
rappeler
  zurückrufen
joindre
  erreichen
le message
  Nachricht
l'avenir (m)
  Zukunft
la nappe
  Tischdecke
claquer
  knallen

le végétarien
  Vegetarier
la bienvenue
  Willkommen
débarrasser (se)
  ablegen
prendre un pot etwas
  trinken gehen
curieux
  neugierig
célèbre
  berühmt
le rôti
  Braten
le casse-pieds
  Nervensäge
le glaçon
  Eiswürfel
l'eau de vie (f)
  Schnaps
la tisane
  Kräutertee
l'express (m)
  Espresso
brièvement
  kurz
tutoyer
  duzen
l'huître (f)
  Auster
l'admiration (f)
  Begeisterung
la voyelle
  Vokal
prévenir
  Bescheid sagen
détester
  hassen

Expressions

faire une petite bouffe ◊
  sich locker zu einem
  kleinen Essen treffen
se prendre la tête
  sich verrückt
  machen
Elle est où, ta tête?
  Wo bist du mit
  deinen Gedanken?
T'en fais une tête!
  Du machst aber ein
  Gesicht!
Tu m'en diras des nouvelles!
  Du wirst begeistert
  sein davon
C'est la galère ◊
  das ist die Hölle!
Ne le prends pas comme ça!
  Faß es nicht so auf!

L'INVITATION

THÉORIE

A. Conditionnel 1

Je **voudrais** faire une petite bouffe chez moi.
Ich möchte gern, daß wir uns locker zu einem kleinen Essen bei mir treffen.

Ce **serait** bien d'aller dîner un soir ensemble.
Es wäre schön, wenn wir zusammen essen gehen würden.

Je **pourrais** dormir le jour et rester debout la nuit.
Ich könnte tagsüber schlafen und nachts aufbleiben.

So wird es gebildet:

Regelmäßige Verben

je	souhaiter **ais**	nous souhaiter	**ions**
tu	souhaiter **ais**	vous souhaiter	**iez**
elle, il	souhaiter **ait**	elles, ils souhaiter	**aient**

Conditionnel (regelmäßig): Infinitiv + Imparfait-Endung

Unregelmäßige Verben

aller	→	irais	irais	irait	irions	iriez	iraient
avoir	→	aurais	aurais	aurait	aurions	auriez	...
être	→	serais	serais	serait	serions	...	
devoir	→	devrais	devrais	devrait	...		
savoir	→	saurais	saurais	...			
venir	→	viendrais	...				
vouloir	→	voudrais	...				
tenir	→	tiendrais	...				

Conditionnel (unregelmäßig): Futurstamm + Imparfait-Endung

A-1 Vorschläge:

Qui aimerait faire quoi?

1. J' **aimerais** .... faire un voyage en Amérique. **2.** Marie .... rester à la maison. **3.** Nous .... avoir six enfants. **4.** Arnaud .... aller au bistrot. **5.** Vous .... voir le film de Spike Lee? **6.** Tu .... changer de job?

A-2 Mettez au conditionnel

1. J' **aimerais** .... t'inviter à dîner. (aimer) **2.** Emmanuelle................................. passer me voir? (pouvoir) **3.** Ce soir, il y a un super film, Nathalie .... aller au cinéma. (vouloir) **4.** Charles a une petite chambre. Il .... un plus grand appartement (souhaiter) **5.** Je veux vous montrer quelque chose, vous .... le temps de venir? (avoir) **6.** Tu .... pas me laisser tranquille? (pouvoir) **7.** Le dîner est à huit heures. Ce .... bien d'arriver à l'heure. (être) **8.** Je n'ai pas le temps de faire la cuisine. Il .... acheter un micro-ondes. (falloir)

A-3 Histoire de couple

Monsieur parle, elle répond. Choisissez les réponses de Madame.

Lui	Elle
1. J'ai faim.	**a.** Ce serait bien d'aller en Italie.
2. Tu as de l'argent sur toi?	**b.** On pourrait aller déjeuner.
3. Je suis en vacances.	**c.** Je voudrais un parfum.
4. Je te l'ai dit déjà 3 fois.	**d.** Tu pourrais avoir tes chèques.
5. Pour ton anniversaire, qu'est-ce que tu veux?	**e.** J'aimerais l'entendre 4 fois.

L'INVITATION

THÉORIE

Gebrauch

1. Formes de politesse – Höflichkeitsformen

exprimer une demande   *eine Bitte äußern*

Je **voudrais** un demi, s'il vous plaît.
Ich möchte ein Bier bitte.

Tu **pourrais** me passer Paul (am Telefon)?
Könntest du mir Paul geben?

Elle **serait** contente de venir dîner.
Sie würde gerne zum Abendessen kommen.

Auriez-vous la gentillesse de me rappeler.
Würden Sie mich bitte zurückrufen. (sehr höflich)

2. Suggestions – Vorschläge

donner un conseil   *einen Rat geben*

Tu **devrais** regarder dans ton agenda.
Du solltest in deinem Kalender nachschauen.

Vous **pourriez** manger moins.
Sie könnten weniger essen.

3. Souhaits – Wünsche

Il **faudrait** téléphoner à ta mère.
Es wäre nötig, deine Mutter anzurufen.

Ce **serait** bien d'avoir un congélateur.
Es wäre schön, eine Tiefkühltruhe zu haben.

A-4 Dites-le plus poliment

1. Je veux un café. ...... *Je voudrais* ....
.... *un café* ....

2. Il veut te parler. ....
....

3. Vous pouvez me passer le beurre. ....
....

4. Avez-vous de l'aspirine? ....

5. Vous devez arriver à huit heures. ....
....

A-5   Machen Sie Vorschläge – Faites des propositions!

Avec: on pourrait – ce serait bien de – vous aimeriez – vous auriez envie de

1. Vous voulez aller au cinéma ce soir. ...... *On pourrait*
...... *aller au cinéma ce soir?* ....

2. Vous voulez partir le week-end prochain. ....

3. Vous avez envie de montrer un nouveau resto à un collègue. ....

4. Vous voulez inviter des amis à passer les vacances en Bretagne. ....
....

A-6 Argumentez!

Vous avez trop de travail et vous voulez une autre collègue.
Essayez de convaincre (überzeugen) votre patron.

1. Le travail ...... *serait* ...... plus efficace. 2. Vous ....
arriver plus tard au bureau. (pouvoir) 3. Je .... plus disponible. (être) 4. Nous .... agrandir l'entreprise. (pouvoir)
5. J' .... le temps de faire le courrier. (avoir) 6. Les clients
.... moins de réclamations. (faire) 7. On ....
ranger les papiers. (pouvoir) 8. Votre femme .... de venir
le dimanche. (ne plus avoir besoin)

THÉORIE

Le superlatif

C'est la ville **la plus** géniale, **la plus** étonnante, **la plus** intellectuelle, **la plus** violente, **la plus** merveilleuse.

Das ist die genialste, die erstaunlichste, die intellektuellste, die gewalttätigste, die wunderbarste Stadt.

Ce garçon est **le moins** grand de la famille.
Dieser Junge ist der kleinste in der Familie.

Superlativ des Adjektivs:
Substantiv + Artikel + plus/moins + Adjektiv

B. Konditional und Zukunft

In der Umgangssprache macht man keinen Unterschied in der Aussprache von je voudrais und je voudrai, j'aurais et j'aurai.

Der Sinn ergibt sich aus dem Zusammenhang.

C. Der Ton macht die Musik!

En colère! Man kann auch die Höflichkeitsform benutzen, um seine Wut ziemlich unhöflich zum Ausdruck zu bringen!

Vous pourriez pas me laisser tranquille!
Könnten Sie mich nicht in Ruhe lassen!

Vous pourriez pas me fiche la paix!◊
Lassen Sie mich in Frieden!

Vous ne pourriez pas vous taire!
Könnten Sie nicht mal schweigen!

Ça ne t'ennuierait pas de la fermer!‹!›
Wäre es nicht zuviel verlangt, den Mund zu halten!

A-7 Et les rêves...

Continuez, complétez les rêves ...

1. Que voudriez-vous changer dans votre vie?

a. ....*Je voudrais habiter dans une grande ville.*

b. ....

c. ....

2. Que souhaitez-vous pour aujourd'hui?

a. ....*J'aimerais rester tranquille à la maison.*

b. ....

c. ....

3. Qu'est-ce que vous feriez avec un million de dollars?

a. ....*Je donnerais tout l'argent aux pauvres.*

b. ....

c. ....

B-1 Zwischen echter Zukunft und Wunsch

1. Il pourra venir à huit heures. Il ....*pourrait*.... venir vers huit heures.

2. Tu devras être là à l'heure ....*Tu devrais être là*.......
......*tout à l'heure*....... **3.** Vous pourrez commencer à travailler
demain. ....*Vous pourriez commencer à*....
....*travailler demain*.... **4.** Tu auras le temps de m'expliquer ce
problème? ....*Tu aurais le temps de*.......
......*m'expliquer ce problème*.......

C-1 Ne vous laissez pas faire!

Lassen Sie sich nicht alles gefallen!

1. Votre voisin écoute de la musique toutes les nuits. .....*Vous ne*.....
....*pourriez pas me fiche la paix*.... **2.** Arnaud parle toujours
quand vous regardez la télé ....
.... **3.** Les enfants veulent jouer avec vous.
....

THÉORIE

D. Au bout du fil

Allô, allô ...
En France, quand on répond au téléphone, on ne se présente pas
(sauf dans les bureaux)

Vous répondez et vous voulez savoir qui vous appelle:

«Qui est à l'appareil?»	Wer ist am Apparat?
«C'est de la part de qui.»	Wer ist am Apparat?

Votre correspondant répond:

«C'est Nathalie.»	Hier ist Nathalie.

Nathalie veut parler à une autre personne:

«Je pourrais parler à Bertrand?»	Könnte ich mit Bertrand sprechen?
«Bertrand est là?»	Ist Bertrand da?
«Vous pourriez me passer Bertrand?»	Könnten Sie mir Bertrand geben?
«Tu me passes Bertrand?»	Gib mir mal Bertrand!

Bertrand est là, vous lui dites:

«Un instant, je vous le passe.»	Moment, ich stelle durch.
«Ne quittez pas, je vais l'appeler.»	Bleiben Sie dran, ich werde ihn rufen.

Bertrand est au bout du fil:

«Bonjour, c'est Bertrand à l'appareil.»	Bertrand am Apparat.

Bertrand n'est pas là, vous dites:

«Désolé, il est absent.»	Es tut mir leid, er ist nicht da.
«Il peut vous rappeler.»	Er kann Sie zurückrufen.

Nathalie veut retéléphoner plus tard:

«Bon, je rappellerai plus tard.»	Gut, ich werde später noch mal anrufen.

Elle demande quand Bertrand sera là:

«Quand est-ce que je pourrais le joindre?»	Wann könnte ich ihn erreichen?

Elle veut laisser une information:

«Je pourrais laisser un message?»	Könnte ich eine Nachricht hinterlassen?

D-1 Le téléphone sonne, vous décrochez et vous répondez:

1. *Allô?* ....
Bonjour, je pourrais parler à Chantal?
2. ....
De la part de Jeanne.
3. ....
J'attends.
4. ....
Dommage, quand est-ce que je peux la joindre?
5. ....
Oui, vous pouvez lui dire que j'ai un appartement
pour elle.
6. ....
Je vous remercie, au revoir.

D-2 Vous êtes la secrétaire de Gérard Depardieu

Un inconnu téléphone

Jeu de rôle: imaginez le dialogue entre le correspondant et la secrétaire.
La secrétaire:

1. Qui .... ?
– ....
2. Pardon? C'est de .... ?
– ....
3. A qui .... parler?
– ....
4. Ne quittez pas, je...
– ....
5. Il ne répond pas. Vous voulez ....
– ....
6. Je note: un film sur Christophe Colomb. Mais à cinq heures, il est là, vous
....
– ....
7. Je lui dirai, merci de votre appel. ....
– ....

E. En et dans

Elle revient **dans** deux jours/**dans** trois mois?
Sie kommt in zwei Tagen/in drei Monaten zurück?

Je suis prête **dans** cinq minutes.
Ich bin in fünf Minuten fertig.

Je t'explique **en** trois mots.
Ich erkläre dir alles ganz schnell.

Dans	en
un mois	cinq minutes
trois jours	ce moment (zur Zeit)
cinq minutes	six heures
trois semaines	été
vingt ans	hiver
quinze jours	trois mots
l'avenir	
la soirée	
les années soixante	

En bezeichnet die **Dauer** eines Zeitabschnittes

Je lis le journal **en** deux heures.
Elle prépare le dîner **en** cinq minutes.
Il va à Paris **en** six heures.

En été – **en** septembre – **en** hiver – **en** 1993.

Dans bezeichnet den **Zeitpunkt** am Ende eines Zeitablaufes

Nous partons **dans** une semaine.
Je reviens **dans** trois mois.
Le repas sera prêt **dans** une heure.

E-1 Dans ou en?

1. J'arrive ...... *dans* .... cinq minutes.

2. On se voit .... trois semaines.

3. Elle te rappelle .... une heure.

4. Il m'a raconté sa vie .... une heure.

5. J'ai tout perdu au casino .... dix minutes.

6. Il lit le journal . ... une heure.

7. Brigitte Bardot a été célèbre .... les années soixante.

8. .... ce moment, je n'ai pas le temps.

E-2 Quelle est la réponse correcte?

Barrez la proposition fausse – Streichen Sie die falsche Variante

1. Je pars dans/en trois mois. **2.** L'avion fait Paris–New York dans/en sept heures. **3.** Elle tricote ses pulls dans/en trois semaines. **4.** Il énerve tout le monde dans/en cinq minutes.

E-3 Parfois les deux prépositions sont justes.

Traduisez en allemand.

Je fais la cuisine en/dans dix minutes.

Il mange en/dans une demi-heure.

Je te raconte tout dans/en vingt minutes.

E-4 Traduisez:

1. Je n'ai pas la pêche en ce moment.

2. Un instant, je vous le passe.

3. T'en fais une tête!

4. On s'est trompé de jour.

5. On a l'air malin.

6. Voilà quelques fleurs pour me faire pardonner.

L'INVITATION

F. Le conditionnel passé – Konditional 2

J'**aurais aimé** te voir.
Ich hätte dich gerne gesehen.

Tu **aurais pu** m'acheter un sac en cuir.
Du hättest mir eine Ledertasche kaufen können.

On **aurait dû** fermer les fenêtres.
Wir hätten die Fenster schließen sollen.

Il **serait** aussi **allé** dans un endroit comme ça.
Er wäre auch an so einen Ort gegangen.

Conditionnel 2:
avoir/être in conditionnel 1 + Participe-passé

Das Conditionnel 2 bezeichnet eine Annahme in der Vergangenheit – eine fiktive Annahme, die möglich war, aber nicht zustande kam. Es kann eine Information aus der Vergangenheit mit Vorbehalt wiedergeben. Il serait allé dans un monastère.– *Er ist wohl in ein Kloster gegangen.*

Avec avoir

J'	aurais	+	aimé
Tu	aurais	+	aimé
Elle	aurait	+	aimé
Il	aurait	+	aimé
Nous	aurions	+	acheté
Vous	auriez	+	acheté
Elles	auraient	+	acheté
Ils	auraient	+	acheté

Avec être

je	serais	+	allé (e)
Tu	serais	+	allé (e)
Elle	serait	+	allée
Il	serait	+	allé
Nous	serions	+	venus (es)
Vous	seriez	+	venu (s,es)
Elles	seraient	+	venues
Ils	seraient	+	venus

J'aurais eu
ich hätte gehabt
J'aurais été
ich wäre gewesen

F-1 Mettez les phrases au conditionnel passé!

PRATIQUE

Faites attention! Avoir ou être?

1. Je _Serais venu_ plus tard. (venir)
2. Il .... avec toi. (aller)
3. Vous .... me le dire. (devoir)
4. Elle .... m'avertir. (pouvoir)
5. Vous .... la même chose. (faire)

F-2 Dans la vie quotidienne

Situations avec «avoir»

Vous invitez des amis à dîner, mais vous oubliez de prévenir votre mari. Il aurait pu faire des tas de choses!

1. Il vous dit: «Tu _aurais pu_ me prévenir». (pouvoir)
2. J' .... des légumes, de la salade, un rôti, etc. (acheter)
3. J' .... un bon petit dîner. (faire)
4. J' .... Chantal qui est toute seule. (inviter)
5. J' .... une nappe blanche et le couvert. (mettre)
6. Je n' .... pas déjà .... ! (dîner)

F-3 Situations avec «être»

Au restaurant: Vous avez réservé une table – vous arrivez, votre table est occupée et vous n'avez pas pu manger. Vous racontez l'histoire à un ami qui vous dit:

1. «A votre place, je _serais arrivé_ à l'heure! (arriver).
2. Je .... à côté de la table (rester) pendant tout le repas.
3. Je .... voir le patron (aller).
4. Je .... dans la cuisine (entrer) pour réclamer et
5. je .... en claquant la porte (partir).
6. Je .... dans un autre restaurant! (aller).»

L'INVITATION 71

PROPOSITION DE MENUS

	LUNDI	MARDI	MERCREDI	JEUDI
DÉJEUNER	Salade de tomates	Maquereaux au vin blanc	Concombre au yaourt et menthe	Asperges
	Omelette au thon	Escalope de dinde	Rosbif	Cabillaud farci
	Haricots verts	Choux de Bruxelles	Salsifis	Courgettes
		Salade		
	Fromage	Fromage	Fromage	Fromage
DINER	Radis sel	Chou rouge en salade	Velouté de brocolis	Potage de légumes
	Pâtes intégrales au coulis de tomates	Endives au jambon (sans béchamel avec crème allégée et œuf)	Haricots secs (persil et fromage blanc 0 %)	Œufs cocotte en tomate
	Yaourt maigre			
				Salade Fromage
		Fromage blanc	Yaourt maigre	

Note culturelle
Venez donc prendre l'apéritif!

In Frankreich lädt man entweder mittags oder immer mehr abends zum Essen ein. Man kann auch nur zum Aperitif einladen , d. h. direkt vor dem Mittag- oder Abendessen. Mittags kommt man gegen zwölf Uhr und abends gegen sieben. Es wird nur in seltenen Fällen nach dem Abendessen eingeladen. Zusammen essen ist in Frankreich ein wichtiger gemeinsamer Moment des Genusses und der Kommunikation. Wenn man gegen acht Uhr zum Essen abends eingeladen wird, ist es nicht nötig, Punkt acht vor der Tür zu stehen!

F-4 Avec devoir et la négation

Un type téléphone toutes les nuits à votre amie.
Elle ne dort plus. A votre avis, c'est de sa faute!

1. «Vraiment, tu n'....*aurais pas dû*...
.... lui donner ton numéro de téléphone!
2. Tu.. danser
avec lui toute la soirée!. 3. Tu ....
.... lui raconter ta vie! 4. Tu ....
.... le draguer! 5. Tu......................
.... lui promettre un rendez-vous!»

F-5 Il faut parfois réfléchir avant d'agir

Erst denken, dann handeln.

1. Vous avez acheté une super robe au marché
   sans essayer. Elle est trop petite. Que dites-
   vous? J'................*aurais dû*.........
   l'essayer. (devoir)

2. Vous faites un steak au poivre pour votre amie
   végétarienne. J'...
   y penser. (pouvoir)

3. Vous avez mis du super au lieu d'essence sans
   plomb. J'.. faire
   attention. (devoir)

Note culturelle

Le couscous = Spezialität aus Nordafrika, die
durch die vielen Algerier, Tunesier und Marokka-
ner zum Alltagsgericht geworden ist. Es besteht
aus Grieß, Gemüse, Hammelfleisch oder Hähn-
chen oder Merguez (Würstchen) und der sehr
scharfen Soße Harissa. Anders als in Nordafrika
ißt man in Frankreich den Kuskus nicht mit den
Händen.

THÉORIE

Vous voulez inviter quelqu'un.
Sie möchten jemanden einladen.

1. Vous ne le/la connaissez pas très bien
Sie kennen ihn/sie nicht sehr gut

J'espère que nous pourrons aller dîner ensemble un soir.
Ich hoffe, daß wir einen Abend zusammen essen gehen können.

Ça me ferait plaisir de vous inviter à dîner.
Es würde mich sehr freuen, wenn ich Sie zum Essen einladen könnte.

Etes-vous libre samedi soir?
Haben Sie Samstag abend Zeit?

Je serais heureux de vous inviter à la maison.
Ich würde Sie gerne nach Hause einladen.

J'aimerais vous inviter à boire l'apéritif.
Ich möchte Sie zum Aperitif einladen.

2.- Vous le/la connaissez bien
Sie kennen ihn/sie gut

T'aurais envie d'aller au resto ce soir?
Hättest du Lust, heute abend essen zu gehen?

T'as quelque chose de prévu demain soir?
Hast du morgen abend was vor?

Ça te dirait d'aller chez le Marocain manger un «couscous»?
Würdest du gern einen „Kuskus" essen beim Marokkaner?

Alors, on se fait une petite bouffe ensemble cette semaine?
Na, wollen wir uns diese Woche zu einem kleinen Essen treffen?

G-1 Vous voulez inviter quelques personnes:

Ils acceptent ou ils refusent.

1. Madame Delatour, la mère de vos amis/ au restaurant

a. .... *Madame, ça me ferait plaisir de vous inviter au restaurant samedi soir* ....

Elle accepte!

b. .... *Mais avec plaisir!* ....

2. Julie, une nouvelle copine rencontrée dans un bistro /dans une nouvelle pizzeria

a. ....

....

Elle accepte!

b. ....

3. Arthur et Jules, vos voisins de plage/ au café pour l'apéro

a. ....

....

Ils acceptent!

b. ....

4. Une inconnue assise près de vous dans le métro/ dans un bar pour boire un pot

a. ....

....

Elle refuse!

b. ....

5. Quelques amis pour fêter votre anniversaire/chez vous

a. ....

....

Ils acceptent!

b. ....

Imaginez d'autres invitations (au cinéma, au concert, en boîte, à faire du tennis, à se promener, etc ...) Comment exprimez-vous l'invitation.
(Théorie à la page 76)

L'INVITATION

Accepter une invitation ou la refuser

Vous acceptez:

Mais oui, bien sûr! Merci.
Ah, gerne, danke.

C'est très gentil, merci!
Das ist sehr nett, danke!

J'accepte avec plaisir!
Ich nehme es gern an!

OK, pas de problème!
OK, kein Problem!

Vous refusez:

C'est dommage, mais je ne peux vraiment pas.
Das ist schade, aber ich kann wirklich nicht.

Non, malheureusement, je suis déjà pris.
Nein, leider, ich habe schon etwas vor.

Je regrette, mais tu aurais dû le dire plus tôt!
Es tut mir leid, aber du hättest es früher sagen sollen.

SAINT
AGUR

"*Moment gastronomique étonnant*"...
"*Les gourmets vont apprécier*".

PUBLI-REPORTAGE

SAVEURS

G-2 L'intrus

Quel mot dérange?

1. inviter, perdre, offrir, manger
2. champagne, bière, eau, vin
3. téléphoner, décrocher, raccrocher, marcher
4. ami, client, copain, copine
5. merveilleux, génial, nul, super
6. cuir, repas, bouffe, dîner
7. anti-rides, micro-ondes, surgelés, congélateur
8. semaine, mois, restaurant, jour
9. fromage, orage, dessert, salade

La beauté est en moi
L'ANTI–ÂGE SPÉCIAL MECS

G-3 Vous répondez

à une invitation

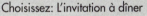

Choisissez: L'invitation à dîner

1. par Monsieur Duraton	a. OK, baby!
2. par votre meilleur ami	b. Avec plaisir, Madame!
3. par votre nouvelle prof de français	c. Pourquoi pas!
4. par votre petite amie Julie.	d. D'accord!
5. par votre voisin de plage	e. Bien sûr, mais après la douche!
6. par un inconnu	f. Je n'ai pas le temps!
7. par votre mère	g. C'est très aimable, Monsieur!
8. par votre copain casse-pieds	h. Quand Maman?

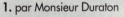

L'INVITATION

H. Vous arrivez chez vos amis

Celui qui accueille – Gastgeber

Alors, vous avez fait bonne route? Il y avait de la circulation?

Haben Sie eine gute Fahrt gehabt? Gab es viel Verkehr?

Bienvenue chez nous! Entrez, ne restez pas devant la porte!

Willkommen bei uns! Kommen Sie rein, bleiben Sie nicht vor der Tür!

Venez, débarrassez-vous!

Kommen Sie, legen Sie ab!

Faites comme chez vous! Mettez-vous à l'aise!

Sie sind hier zu Hause, machen Sie es sich bequem!

L'invité – Gast

Je vous ai apporté un petit quelque chose!

Ich habe Ihnen eine Kleinigkeit mitgebracht!

Les amis

Oh, c'est trop gentil, il ne fallait pas!

Das ist nett, es wäre aber nicht nötig gewesen!

Venez, je vous présente.

Kommen Sie, ich möchte Sie vorstellen.

Asseyez-vous! Qu'est-ce que vous prendrez?

Setzen Sie sich! Was nehmen Sie (trinken Sie)?

Je peux vous offrir quelque chose à boire?

Darf ich Ihnen etwas zum Trinken anbieten?

Alors, qu'est-ce que vous buvez?

Und, was trinken Sie?

Après l'apéritif

Bon, on va passer à table, sinon...

Darf ich zu Tisch bitten, sonst ... (wird z.B. der Braten kalt)

H-1 Dans chaque situation, le mot juste!
In jeder Situation, das richtige Wort!

PRATIQUE

Vos amis arrivent en voiture.

1. Ils viennent de faire 100 kilomètres.

....

2. Vous les invitez à entrer.

....

3. Vous leur offrez à boire.

....

4. Vous voulez dîner.

....

H-2 L'apéritif

Choisissez! Que boit-on en France à l'apéritif?

Vrai (v) ou faux (f)

Je prends...

	v	f
1. un pastis	☒	☐
2. un jus d'orange	☒	☐
3. une eau de vie (Schnaps)	☐	☒
4. un martini avec des glaçons	☒	☐
5. un whisky	☒	☐
6. une tisane (Kräutertee)	☐	☒
7. un café au lait	☐	☒
8. une bière	☒	☐
9. un Perrier	☒	☐
10. un Calvados	☐	☒
11. un express (Expresso)	☐	☒
12. un porto	☒	☐

L'INVITATION

THÉORIE

A table

Mettez-vous où vous voulez ... Servez-vous!
Setzen Sie sich, wo Sie wollen ... Bedienen Sie sich!

L'invité

C'est très bon, c'est délicieux.
Das schmeckt sehr gut, das ist köstlich.
Vous pourriez me passer le sel, s'il vous plaît?
Könnten Sie mir bitte das Salz reichen?

Pendant le repas

Vous en reprendrez bien encore.
Bedienen Sie sich bitte weiter.
Il faut terminer le plat.
Lassen Sie uns auch den kleinen Rest aufessen.

L'invité

Avec plaisir, merci.
Sehr gern, (mit Vergnügen) danke.
Un petit peu seulement, merci.
Nur ein bißchen, danke.
Non merci, j'ai terminé!
Nein danke, ich möchte nicht mehr!
Merci, c'est très bien comme ça!
Danke, es war sehr gut!
Non merci, c'est excellent mais je me réserve pour la suite!
Nein danke, es war sehr gut, aber ich möchte noch ein bißchen Platz für das Weitere lassen!

L'invité au moment de partir

Il faut partir, il est déjà tard! Merci pour le bon dîner et la bonne soirée passée ensemble.
Wir müssen gehen, es ist schon spät! Vielen Dank für das gute Essen und für den schönen Abend.

Vos amis

De rien, je vous en prie, bon retour!
Keine Ursache, bitte, gute Fahrt, kommen Sie gut heim!

H-3 A table

Chez un bon ami.

1. Vous voulez un peu de vin. *Tu pourrais me passer le vin, s'il te plaît?*

2. Vous trouvez le dîner très bon. ....

....

3. Vous voudriez le sel, le poivre et le pain. ......

....

4. Vous n'aimez pas le fromage. ....

....

5. Vous attendez le dessert. ....

....

6. Vous ne voulez plus manger. ....

....

7. Vous aimeriez boire un café. ....

....

I. Questions – Fragen

Aimerais-tu aller chez «Lapierre»?
Oui, avec plaisir.
Non, je n'ai pas le temps.

Est-ce qu'on s'est trompé de jour?
Oui, tu vois bien.
Non, c'est aujourd'hui.

Tu es là demain?
Oui, dans la soirée.
Non, je suis à Lyon.

Satzfragen (Antwort mit **oui, non**) werden gestellt:

1. mit **Inversion**:
das Subjekt (Personalpronomen) steht hinter dem Verb.

Prenez-vous un pot avec moi?

2. mit «**Est-ce que**»:
Umschreibung mit «est-ce que». «Est-ce que» ist ein Hilfsmittel, um die Frage zu stellen (wie «do» in Englisch). Hinweis: est-ce que + Aussagesatz in normaler Stellung.

Est-ce que vous prenez un pot avec moi?

3. mit **Intonation**:
Das letzte Wort der Frage wird stark betont.
Vous prenez un pot avec **moi?**

1. Inversion: Hochsprache, Schriftsprache
2. + 3. Est-ce que, Intonation: Umgangssprache

I-1 Un voisin de table curieux

PRATIQUE

Vous êtes invité à une petite bouffe chez des amis et votre voisin est très curieux!
Sie sind zum Essen eingeladen bei Freunden, und Ihr Tischnachbar ist sehr neugierig.

1. Comment allez-vous? ...... *Très bien, merci.* ......

2. Vous vous appelez comment? ......

3. Où habitez-vous? ......

4. Est-ce que je peux vous tutoyer? ......

5. Pourquoi est-ce que tu ne manges pas de viande? ......

6. Et quel vin bois-tu? Du rouge? Du blanc? ......

7. Tu restes combien de temps ici? ......

8. Et les Français? Tu les aimes? ......

9. T'aurais pas envie de sortir avec moi demain soir? ......

I-2 Maintenant, c'est à vous!

Posez vos questions!

1. ...... *Où habites-tu?* ...... J'habite dans un petit village.

2. ...... C'est près de Poitiers.

3. ...... J'ai décidé d'habiter là en 1990.

4. ...... Je m'appelle Sidonie.

5. ...... Je viens de Paris.

6. ...... Demain, je vais faire des courses au marché.

7. ...... J'adore les livres de Djian!

8. ...... Tu me casses les pieds!

THÉORIE

1. Questions avec les pronoms interrogatifs

Wie heißt du?
Comment t'appelles-tu?
Comment est-ce que tu t'appelles?
Tu t'appelles **comment?** ◊

Wo wohnst du?
Où habites-tu?
Où est-ce que tu habites?
T'habites **où?**◊

Wann bist du angekommen?
Quand es-tu arrivé?
Quand est-ce que tu es arrivé?
T'es arrivé **quand?** ◊

Wenn man mehr wissen möchte über **Zeit, Art, Grund, Ort, ...,** benutzt man die Fragepronomen (Fürwörter). Um die Frage zu stellen, bestehen die drei Möglichkeiten

1. das Fragepronomen am Anfang + **inversion**
2. das Fragepronomen am Anfang + **est-ce que**
3. Betonung + Fürwort am Ende (Umgangssprache)

Quoi? Tu fais quoi? C'est quoi?
Quoi (was) steht entweder allein oder am Ende einer Frage in der Umgangssprache! Es ist nicht möglich, eine Frage mit «quoi» zu beginnen. In diesem Fall benutzt man «que»: **«Qu'est-ce que c'est?»**
«Qu'est-ce que tu fais?»

2. Pronoms interrogatifs principaux

comment?	wie?
quand?	wann?
où?	wo?
combien?	wieviel?
pourquoi?	warum?
d'où?	woher?
quel? (quelle) (s)?	welcher, wie?
que?	was?

I-3 Comment demander?

1. _Comment_ .... tu fais ça?

2. .... avez-vous trouvé ces superbes fleurs? 3. .... est-ce que vous avez préparé ce couscous? 4. .... allez-vous en Allemagne cette année? 5. .... vous faites?!

I-4 Les verbes avec prépositions

Arnaud veut tout savoir de Nathalie.
Trouvez les prépositions et les pronoms interrogatifs

1. Nathalie, dis-moi _de quoi_ .... tu parles avec tes amis? (parler de)

2. J'aimerais savoir .... tu penses maintenant? (penser à)

3. .... jouais-tu quand tu étais petite? (jouer avec)

4. .... as-tu besoin? (avoir besoin de)

5. .... sors-tu le samedi soir? (sortir avec)

6. Je voudrais savoir .... tu téléphones? à Martine, à Pierre? (téléphoner à)

I-5 Vous aimeriez en savoir plus

Dans une boîte, vous venez de rencontrer quelqu'un qui vous plaît beaucoup
Vous demandez.

1. _Avec qui tu es venue?_ .... Je suis venue avec Véronique, une amie.

2. ....? Pas très souvent, le samedi seulement.

3. ....? Je pense à mon prof d'allemand.

4. ....? Il s'appelle Michel

5. ....? Le type, là-bas? C'est Philippe, mon ami!

6. ....? Ça alors! Il est avec ma meilleure amie!

7. ....? D'accord. On va danser.

THÉORIE

Les petites questions
de la vie quotidienne
Die kleinen Fragen
des Alltags
A quoi ça sert?
Wozu ist das gut?
**Qu'est-ce qu'on fait
avec ça?**
Wozu benutzt man
das?

3. Questions avec qui

Qui est à l'appareil?
Avec qui on dînera?
Qui est-ce qui parle?

Qui fragt nach Personen. Es steht allein **«qui»** (qui est-ce qui?) oder in Kombination mit Präpositionen:

Avec qui vas-tu en vacances?	Mit wem fährst du in Urlaub?
Pour qui travailles-tu?	Für wen arbeitest du?
A (à) qui appartient le compact?	Wem gehört die CD?
De qui parles-tu?	Von wem sprichst du?

4. Pour en savoir plus

Hochsprache	Umgangssprache	
Qu'est-ce que c'est?	C'est **quoi?** ◊	Was ist das?
Quand est-ce?	C'est **quand?** ◊	Wann ist das?
Comment est-ce?	C'est **comment?** ◊	Wie ist das?
Où est-ce?	C'est **où?** ◊	Wo ist das?

5. Verben mit Präpositionen
Penser à

woran denkst du?
à quoi penses-tu?
à quoi est-ce que tu penses?
Tu penses **à quoi?** ◊

Parler de

worüber sprechen Sie?
de quoi parlez-vous?
de quoi est-ce que vous parlez?
Vous parlez **de quoi?** ◊

Jouer avec

womit spielst du?
avec quoi joues-tu?
avec quoi est-ce que tu joues?
Tu joues **avec quoi?** ◊

Bei den Verben mit «à, de, avec» werden die Fragen mit den jeweiligen Präpositionen vor dem Fragepronomen gestellt.

Thème 2

I-6 Il faut toujours tout expliquer!

Alors répondez très brièvement!

1. A quoi penses-tu?.......................................
....

2. Qu'est-ce que tu fais?................................
....

3. Comment tu vas à ton travail?......................
....

4. Pourquoi es-tu fatigué? ....
....

5. Quand pars-tu faire ton séminaire?.................
....

6. Combien gagnes-tu par mois? ....
....

7. C'est où ton travail? ....
....

8. Quelle est ta musique préférée? ....
....

9. Qu'est-ce que tu caches dans le paquet? ....
....

10. De quoi tu discutes avec tes amis? ....
....

I-7 Vous préparez une interview.

Imaginez des questions à:
un footballeur célèbre, un clochard dans un parc à Paris, un jeune Français qui arrive en Allemagne.

I-8 Jeu de rôle – Jouez à deux!

Imaginez le dialogue avec le footballeur, le clochard, le jeune Français.

Exprimez votre opinion!

En ce qui concerne:

1. Un concert de Michael Jackson   f. dément
2. La Tour Eiffel   b. nul
3. Un dîner chez Bocuse   c. débile
4. Un micro-ondes   a. chouette
5. Un film avec Alain Delon   e. super
6. Une petite bouffe entre copains   g. génial

ÉCOUTEZ

Ecoutez les dialogues suivants deux fois et répondez aux questions.

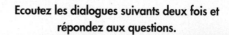

Vrai (v) ou faux (f)

	v	f

Dialogue 1: Au café

1. Nathalie a vingt ans. ☐ ☐
2. Nathalie voudrait faire un grand dîner. ☐ ☐
3. Martine boit un Martini. ☐ ☐
4. Nathalie a un mois pour inviter ses amis. ☐ ☐
5. Nathalie connaît le Maroc. ☐ ☐
6. Elle sait faire la cuisine marocaine. ☐ ☐

Dialogue 2: Au téléphone

1. Emmanuelle voudrait parler à Monsieur Duroi. ☐ ☐
2. Monsieur Duroi est au bureau. ☐ ☐
3. Il est midi. ☐ ☐
4. Emmanuelle laisse un message. ☐ ☐
5. L'affaire avec New York est super. ☐ ☐

Prononciation

Mettez la cassette, appuyez sur le bouton, écoutez l'invitation et répétez.
L'invitation: J'aimerais vous inviter à dîner – Est-ce que vous auriez envie de boire un pot? – Mais oui, bien sûr! – Avec plaisir – Non merci, ça ne va pas maintenant – Je regrette, je n'ai pas le temps – Vous avez fait bonne route? – Entrez, mettez-vous à l'aise! – Vous prendrez un apéritif? – A table, c'est prêt! Servez-vous! – Est-ce que vous pourriez me passer le pain, s'il vous plaît? – C'est très bon! – Merci, j'ai terminé.

Ecoutez les doubles voyelles et répétez.
«ui»: la nuit, le cuir, la cuisine, puis, la suite, la pluie, le bruit,
«ei»: merveilleux, pareil, la veille
«qui»: qui, tranquille, tranquillement, maquillage, équipe, quitter
«aï»: naïve, naïf, naïveté

Mini-dialogues

A Ça te dirait d'aller **en ville?**
B Oui, on pourrait y aller **demain midi.**

1. en ville / demain midi **2.** au théâtre / la semaine prochaine **3.** au ciné / ce soir **4.** boire un verre / maintenant **5.** manger quelque chose / plus tard **6.** en boîte / vendredi soir **7.** au marché / demain matin **8.** voir une exposition / quand tu veux **9.** jouer au tennis / demain après-midi

A. J'aimerais bien t'inviter **à manger une glace.**
B. Je voudrais bien mais **je n'ai pas le temps.**

1. à manger une glace / ne pas avoir le temps. **2.** au cinéma / pas envie **3.** à manger des crêpes / ne pas aimer ça **4.** au restaurant / faire un régime **5.** à la piscine / faire trop froid **6.** manger un Mac Do / détester **7.** passer le week-end à la campagne / ne pas être libre

Avez-vous des regrets?

Répondez et dites pourquoi

Il y a cinq ans...
Vous auriez dû économiser plus d'argent?
Vous auriez pu faire plus de voyages?
Vous auriez dû vous marier?
Vous auriez dû acheter un appartement?
Vous auriez pu accepter un travail à l'étranger?
Vous auriez pu sortir plus? (aller en boîte, au ciné)
Vous auriez dû garder votre boulot?
Et quoi d'autre?

PARLEZ

Maxi-dialogues

A invite ses parents à dîner. Il fait de la cuisine chinoise. **B** sa mère n'aime pas et le dit. **C** le père n'aime pas non plus mais reste aimable.

A et **B** sa femme sont invités chez **C** un collègue. La femme **B** drague **C**.

A et **B** ont fait connaissance de **C** et **D** pendant un voyage en Grèce. **C** et **D** arrivent un soir chez **A** et **B** pour dîner et dormir. **A** et **B** n'ont pas le temps et pas envie. **A** et **B** dînent chez **C** et **D**. Mais **C** et **D** ne se parlent plus depuis le matin.

CE SOIR, ON REÇOIT À DÎNER

la cuisinière
Köchin
l'Etat (m)
Staat
de temps en temps
ab und zu

Vendredi soir, Helmut et sa femme sont venus dîner chez François et Danielle. D'après Marie, la cuisinière, c'était plus compliqué qu'une affaire d'Etat. François et Helmut ont fait connaissance à une grande fête franco-allemande. Ils se téléphonent et se voient de temps en temps à Paris ou au bord du Rhin.

A huit heures exactes, Helmut et Hannelore sont arrivés, ils avaient peur d'être en retard. Mais le dîner n'était pas prêt et François discutait avec son copain Pierre au téléphone. Heureusement que la table était mise. Danielle a remercié pour les fleurs: «Vraiment, il ne fallait pas, c'est trop gentil.» Ensuite, elle les a fait entrer au salon pour prendre l'apéritif. François a enfin rac-croché et il a offert une coupe de Champagne. Helmut a demandé une bière et Hannelore du vin blanc. Pendant ce temps, Marie et Danielle

le retard
Verspätung
heureusement
glücklicherweise
le salon
Wohnzimmer
la coupe
Glas

raccrocher
– auflegen

le coq	
Hahn	
la politique	
Politik	
si	
derart, so	
tomber	
fallen	
la sauce	
Soße	
furieux, -euse	
wütend	
arriver	
wiederfahren	
la bombe glacée	
Eisbombe	
prêter	
leihen	
financer	
finanzieren	
le morceau	
Stück	
le pape	
Papst	

s'énervaient dans la cuisine, on n'aurait jamais dû faire ce coq au vin, il est sans doute trop vieux! Il faut attendre encore deux heures! Avec un congélateur et des surgelés, il n'y aurait plus de problèmes! pense Danielle.

Au salon, on parle de football, d'argent, de voyages et de politique. Ils aimeraient bien pouvoir refaire le monde. Vers neuf heures, on passe à table. Le coq est si dur que François fait tomber toute la sauce sur la robe d'Hannelore. Elle est furieuse et ne dit plus un mot. François se sent vraiment nul, c'est la première fois que ça lui arrive. Pour mettre de l'ambiance, Helmut raconte des histoires et propose de partir en vacances ensemble au Club Med.

Après le fromage, on passe au dessert. C'est une belle bombe glacée. François profite du moment pour demander à son ami de lui prêter de l'argent pour financer une affaire super. Helmut accepte et reprend un gros morceau de bombe. Il aimerait bien boire encore une bière mais les autres préfèrent prendre du Champagne et du vin.

Hannelore voudrait rentrer à la maison. Comment faire? Quelle excuse pourrait-elle trouver? Elle a une idée géniale.
Il faut rentrer parce que demain matin, le Président des Etats-Unis vient très tôt. Et pourquoi pas le pape? Ce n'est pas très rigolo, Helmut s'énerve et ne l'écoute pas.

Mais le chauffeur qui attend depuis huit heures dans la voiture entre dans le salon et demande à partir. Il est fatigué et il en a assez. C'est tous les soirs la même chose. La prochaine fois, Helmut et François iront au restaurant sans femmes et sans chauffeur ...

le congélateur - Gefriertruhe
surgelé - tiefgefrieren

Compris?

Vrai (v) ou faux (f)?

	v	f
1. Hannelore fait la cuisine.	☐	☐
2. Helmut et François sont allés à l'école ensemble.	☐	☐
3. Le coq au vin est dur.	☐	☐
4. Il y a un congélateur dans la cuisine.	☐	☐
5. Hannelore est furieuse.	☐	☐
6. Ils veulent aller en vacances au Club Med.	☐	☐
7. Helmut prête de l'argent à Danielle.	☐	☐
8. Helmut boit du Champagne.	☐	☐
9. Le chauffeur attend dans la cuisine.	☐	☐

A vous!

1. Vous aimez les repas surgelés-micro-ondes?
2. Vous passeriez vos vacances dans le Club Med avec vos amis?
3. Vous prêtez de l'argent à vos amis?

TEST 1

1. Compréhension orale

Ecoutez les huit phrases et choisissez la réponse
qui correspond.

1. ...
  a. Je n'ai pas de timbres.
  b. C'est droit devant vous.
  c. La carte orange coûte environ 50 francs.

2. ...
  a. On est serrés ici.
  b. Le métro est en grève.
  c. Je descends à l'Opéra.

3. ...
  a. Bien sûr, allez au guichet 3.
  b. Je vous rends votre journal.
  c. Je vous remercie beaucoup.

4. ...
  a. Je rappelle demain.
  b. Non merci.
  c. C'est Nathalie.

5. ...
  a. En avion.
  b. Dans une semaine.
  c. A bientôt.

6. ...
  a. Je viendrai avec Paul.
  b. Je n'ai pas le temps.
  c. Je préfère le cinéma.

7. ...
  a. Vendredi 13.
  b. Environ 9 heures et demie.
  c. Il fait froid aujourd'hui.

8. ...
  a. Plus tard.
  b. Mais bien sûr.
  c. Moi, je prendrai un café.

2. Une petite conversation

Ecoutez le dialogue et répondez aux questions.
Laquelle est correcte, a b ou c?

1. L'appartement est
    a trop cher pour Xavier tout seul.
    b encore occupé.
    c trop petit.

2. L'appartement a
    a une salle de bain.
    b quatre pièces.
    c une cuisine et un coin douche.

3. Xavier veut
    a acheter l'appartement.
    b visiter immédiatement l'appartement.
    c rappeler la semaine prochaine.

3. Mettez les verbes suivants au passé composé

aller, boire, descendre, dormir, être, mettre, ouvrir, prendre, reconnaître, voir.

1. Hier, nous .... un bon film à la télé.

2. Cette nuit, j' .... dix heures.

3. Vous .... les lettres à la boîte?

4. Elle .... malade la semaine dernière.

5. Nous .... un très bon Bordeaux.

6. A la soirée, Valentin .... Véronique tout de suite.

7. Tu .... la porte?

8. Ils .... à la station Opéra.

9. Valentin et son ami .... au café et ils .... une bière.

4. Ecrivez la phrase en changeant la personne

1. Il se rase tous les matins.
Nous ....

2. Je me suis couché à onze heures.
Ils ....

3. Elle s'habille toujours en noir.
Vous ....

4. Nous nous sommes promenés dans la ville.
Tu ....

5. Tu t'es trompé.
Il ....

6. Vous vous êtes réveillé tôt.
Je ....

7. Je ne m'appelle pas Dubois.
Nous ....

5. en ou dans?

1. Il mange beaucoup trop vite, il a fini son repas .... dix minutes.
2. Je te rappelle .... une heure. **3.** Nous avons fait le voyage
.... deux jours. **4.** .... ce moment, je n'ai pas le temps.
5. Elle préfère partir .... été. **6.** Je pars .... trois
semaines pour les Etats-Unis.

6. Mettez au conditionnel 1

1. Tu pourrais me passer Gérard?
Vous ....?

2. Mélanie voudrait travailler en Angleterre.
Je ....

3. T'aurais envie d'aller au cinéma?
Vous ....?

4. Je serais content de le revoir.
Elle ....

5. Elle aimerait tout plaquer.
Nous ....

6. Nous pourrions vous donner l'adresse.
Il ....

7. Mettez la forme du conditionnel 2

1. Elle .... *aurais dû* .... lui téléphoner. (devoir)
2. Nous .... *aurions pu* .... les inviter à dîner. (pouvoir)
3. Les filles ...... *auraient dit* ......à Gisèle que Paul était complètement nul. (dire)
4. J' .... *aurais fait* .... exactement la même chose. (faire)
5. Avant le départ, nous ...... *aurions eu* ......le temps de parler. (avoir)
6. Elle .... *serait allée* .... en Asie et Australie. (aller)
7. J' .... *aurais voulu* .... dire tout. (vouloir)

8. Posez la question avec «est-ce que»

1. J'habite à Lyon.

....?

2. Ça coûte 25 francs.

....?

3. Jean vient de la Martinique.

.... *Est-ce que Jean vient* ....?

Posez la question avec l'inversion

4. Oui, j'aime le jazz.

....?

5. Nous partirons demain.

....?

6. Je vais à Barcelone en train.

....?

Posez la question sans l'inversion et sans «est-ce que»

7. Je ne viens pas parce que je n'ai pas le temps.

....?

8. J'ai payé 350 francs.

.... *Tu as payé combien* ....?

9. Elle part mardi matin.

....?

LA CONVERSATION

Entre femmes

Véronique Mélanie, tu ne vas pas le croire mais j'ai entendu dire que Joséphine avait plaqué son mari.

Mélanie C'est pas vrai! Ça alors!

Véronique On raconte qu'elle a pris un amant et qu'elle va recommencer à travailler.

Mélanie Ça m'étonne, Véronique! Moi, on m'avait dit qu'elle faisait du rebirthing ou du tai chi ou quelque chose dans ce goût-là. En tout cas, tous ces trucs là, je n'en ferais pas ma tasse de thé!

Véronique A propos stage, est-ce que je t'ai déjà raconté que j'ai un nouveau prof de yoga? Il est à croquer!

Mélanie Ah bon, tant mieux pour toi!

Véronique Tu ne sais pas la dernière? La fille de Gisèle, tu sais, Gisèle dont le mari est directeur du Crédit Agricole. Eh bien, sa fille est enceinte.

Mélanie Non! C'est pas vrai! Je la connais bien. Nous l'avions souvent emmenée en vacances avec nous quand elle était petite. Est-ce qu'elle va le garder?

Véronique Il paraît que le père présumé n'en veut pas. Et de toute façon, elle n'a pas encore passé son bac. Elle va sans doute se faire faire une IVG. Du moins, c'est ce que l'on dit.

Mélanie Oh là là! Quelle histoire! Tu es sûre? Je n'aurais jamais cru ça d'elle.

Véronique Figure-toi, Mélanie, que l'autre jour, j'ai rencontré Marie, en grande forme. Je ne sais pas si tu es au courant, mais elle fait une carrière super dans la pub dans une grande boîte qui se trouve à côté du golf.

Mélanie Mais pas du tout, elle est dans le marketing! Mais je me demande comment elle fait avec quatre gosses.

Véronique Et alors, c'est normal. Il y en a d'autres qui le font.

Mélanie Parlons d'autre chose, Véronique: elle est bien, ta coupe. Tu as changé de coiffeur? Tu devrais me passer l'adresse.

Véronique Je ne l'ai pas sur moi, mais je te téléphone. Appelle de ma part, si tu n'as pas de rendez-vous avec Gérard, ce n'est pas la peine que tu y ailles.

Entre hommes

Thierry Jean, vous avez vu le match de foot, hier soir, à la télé? Complètement nuls, les Français!

Jean Il paraît que l'entraîneur va être viré.

Thierry Si l'équipe est incapable, ça ne va pas changer grand-chose!

Jean Il est question d'acheter des joueurs italiens.

Thierry Mais non, voyons! Des joueurs allemands! Ecoutez: il faut que je vous raconte: mon patron m'avait invité à jouer au golf samedi dernier pour me parler d'un nouveau projet en Italie, mais sa femme était là aussi, alors il ne m'a rien dit!

Jean Ah ah, Thierry, elle est mignonne, sa femme?

Thierry Effectivement, elle est pas mal du tout et en plus, elle était super bien habillée. Mais elle n'est pas du genre à baiser. Déjà, la première fois que je l'ai vue, elle m'avait semblé très froide.

Jean Tiens, tiens! Vous en savez des choses!

Thierry Oui, oh pas vraiment! Figurez-vous que Matthieu s'est acheté une Honda. Le dernier modèle qui est sorti sur le marché. Il ne se refuse rien: moteur à injection, pot catalytique, direction assistée, climatisation, verrouillage centralisé.

Jean Vous êtes sûr, Thierry? Vraiment il aurait pu acheter français. On est en France et nos voitures sont bien meilleures que les étrangères. Mon père m'avait toujours dit: si on achète étranger, on prend le travail à nos ouvriers.

Thierry Moi, je suis pas CGT, mais je suis d'accord avec vous, je suis content de ma bagnole: c'est une jolie «Clio», elle a une bonne tenue de route, une bonne accélération, elle consomme peu et elle ne tombe jamais en panne. C'est la voiture que tout le monde devrait choisir: économique, écologique!

Jean A propos, on m'a raconté que Dubois a été promu directeur des ventes.

Thierry Pas étonnant, avec sa femme qui est la fille des «Meubles Lavitendre», il est un peu pistonné.

Jean En tout cas, nous, notre carrière, c'est grâce à notre courage.

Thierry Arrêtez, vous allez nous faire pleurer!

Entre jeunes

Xavier Tu bois quelque chose?

Philippe Ouais, un demi. Hier soir, j'étais complètement pété.

Xavier Ben oui, t'assures plus ou quoi?

Philippe J'étais crevé, j'avais envie de m'éclater. Bon, allez, laisse béton!

Xavier OK, t'as l'air un peu speedé, c'est tout. Faut que j'te dise, j'ai complètement flashé sur une petite minette, une Anglaise, hyper cool!

Philippe Tu rigoles, tomber amoureux d'une Anglaise. T'en parles pas un mot!

Xavier T'occupes pas! Ça roule! J'ai un plan d'enfer: ciné, resto, boîte et tout quoi!

Philippe Doucement, doucement, on se calme! tu vas me faire craquer avec tes histoires.

Xavier Dis donc, t'as pas la pêche, aujourd'hui! Te prends pas la tête! Tu devrais être heureux pour ton pote!

Philippe Chais pas, ça fait un peu flipper. Comment tu fais pour les emballer toutes comme ça?

Xavier C'est naturel! C'est de famille! Bon, on peut organiser quelque chose. Ma petite Anglaise a une copine qui pourrait peut-être te plaire … si tu veux, je te la présente. … Ecoute ce truc, c'est le nouveau laser de Nirvana! C'est génial!

Philippe Ouais, ça arrache pas mal!

Xavier A part ça, tu connais pas un appart libre? C'est l'angoisse. Mon beauf veut bien me filer une chambre, mais ça m'accroche vraiment pas!

Philippe Arrête! Ça me donne le blues! Ton beauf, il est complètement bargeot. Tu vas pas te foutre dans une galère pareille! T'es débile!

Xavier T'as un autre plan?

Philippe Ça se pourrait. Ça fait un peu problème, mais on pourrait s'arranger.

Xavier Géant!

REPONDEZ

A.

Vrai (v) ou faux (f)?

Une question par dialogue

	v	f
1. Véronique et Mélanie ne parlent que d'elles-mêmes.	☐	☐
2. Jean et Thierry aiment bien les produits étrangers.	☐	☐
3. Les deux jeunes parlent comme des vieux.	☐	☐

B.

C'est juste? Vrai (v) ou faux (f)?

Répondez aux questions

Entre femmes

	v	f
1. Joséphine a laissé son mari.	☐	☐
2. Joséphine fait du rebirthing.	☐	☐
3. La fille de Gisèle va avoir un enfant.	☐	☐
4. Marie travaille dans la pub.	☐	☐
5. Marie n'a pas d'enfants.	☐	☐
6. Véronique a les cheveux bien coupés.	☐	☐

Entre hommes

	v	f
1. Thierry est joueur de foot.	☐	☐
2. Le match de foot était bon.	☐	☐
3. Thierry a joué au golf.	☐	☐
4. Matthieu a acheté une voiture japonaise.	☐	☐
5. Dubois est devenu directeur des ventes.	☐	☐
6. Thierry préfère les voitures françaises.	☐	☐

Entre jeunes

	v	f
1. Les deux sont au café.	☐	☐
2. Xavier aime une Anglaise.	☐	☐
3. Ils regardent la télé.	☐	☐
4. Philippe cherche un appartement.	☐	☐

LA CON-VERSATION

DAS GESPRÄCH

Entre femmes
Unter Frauen

plaquer ◊
sitzen lassen

entendre dire
sagen hören

entendre
hören

un amant
Liebhaber

recommencer
wieder anfangen

s'étonner
erstaunen

le rebirthing
Wiedergeburt
(s-Therapie)

le goût
Geschmack

en tout cas
auf jeden Fall

à propos
apropos

le prof ◊
Lehrer

croquer
anbeißen

tant mieux
gut so (um so besser)

la dernière
das Neueste

dont
deren

le directeur
Leiter

le Crédit Agricole
Name einer Bank

enceinte
schwanger

emmener
mitnehmen

garder
behalten

paraître
scheinen

présumé
mutmaßlich

de toute façon
auf jeden Fall

passer le bac
Abitur machen

sans doute
wahrscheinlich

se faire faire
sich machen lassen

du moins
zumindest

**IVG (f), interruption
volontaire de
grossesse**
Freiwilliger Schwan-
gerschaftsabbruch

(se) figurer
sich vorstellen

en forme
in Form

être au courant
Bescheid wissen

la pub (publicité)
Werbung

la boîte ◊
Firma

pas du tout
überhaupt nicht

le/la gosse ◊
Göre

autre chose
etwas anderes

la coupe
Haarschnitt

que j'aille
«Subjonctif» von aller

Entre hommes
Unter Männern

le foot
Fußball

l'entraîneur (m)
der Trainer

virer ◊
rausschmeißen

l'équipe (f)
die Mannschaft

incapable
unfähig

le joueur
Spieler

italien
italienisch

allemand
deutsch

le patron
Arbeitgeber, Chef

effectivement
in der Tat

baiser ⟨!⟩
bumsen

sembler
(er)scheinen

se refuser quelque chose
sich etwas versagen

le pot catalytique
Katalysator

la direction
Lenkung

la climatisation
Klima-Anlage

le verrouillage centralisé
Zentralverriegelung

meilleur
besser

étranger
ausländisch, Ausländer

CGT, Confédération générale des travailleurs
linke Gewerkschaft

content
zufrieden

la bagnole ◊
Karre

la tenue de route
Straßenlage

l'accélération (f)
Beschleunigung

consommer
verbrauchen

tomber en panne
Panne haben

promouvoir
befördern

promu
befördert

la vente
Verkauf

pas étonnant
kein Wunder

le meuble
Möbel

pistonner ◊
empfehlen, protegieren

grâce à
dank

le courage
Mut, Eifer

pleurer
weinen

Entre jeunes
Unter Jugendlichen

un demi
ein Halbes (Bier)

pété ⟨!⟩
betrunken

ou quoi?
oder?

crevé ◊
fix und fertig

s'éclater ◊
sich austoben

béton
tomber (verlan)

avoir l'air
aussehen

speeder ◊
total aufgeregt sein

flasher sur ◊
total abfahren auf

amoureux, -euse
verliebt

la minette ◊
Mädchen, Mieze

l'Anglais, -e
Engländer, -in

ça roule ◊
es läuft gut

l'enfer (m)
Hölle

le ciné ◊
Kino

le resto ◊
Restaurant

la boîte
Disco

doucement
langsam

craquer ◊
ausflippen

le pote ◊
Kumpel

flipper
ausflippen

emballer ◊
  anmachen, abstau-
  ben
le laser
  Compact disk
arracher
  rausziehen
à part ça
  außerdem
l'appart (m) ◊
  Wohnung
l'angoisse (f)
  Angst
le beauf ◊, le beau-
  frère
  Schwager
filer ◊
  geben, reichen
accrocher ◊
  auffangen,
avoir le blues ◊
  schlecht drauf sein
être bargeot ◊
  daneben sein
géant
  riesig

Théorie et pratique

appartenir à
  dazugehören
payer
  bezahlen
dépendre de
  darauf kommen
amoureux (-euse)
  verliebt
le break ◊
  Pause
le flop ◊
  Mißerfolg
le look ◊
  Aussehen
le scoop ◊
  letzte Neuigkeit
refuser
  ablehnen
montrer
  zeigen
le doute
  Zweifel
absolument pas
  überhaupt nicht
l'écologiste (m)
  Umweltschützer
l'adolescent, e
  Jugendlicher
le pneu
  Reifen
performant
  leistungsfähig
la ceinture de sécurité
  Sicherheitsgurt

le siège
  Sitz
la consommation
  Verbrauch
l'essence (f)
  Benzin
le rétroviseur
  Außenspiegel
la station-service
  Tankstelle
le pare-brise
  Windschutzscheibe
l'éponge (f)
  Schwamm
le dépannage
  Abschleppdienst
protéger
  schützen
l'essence normale
sans plomb
  Normal bleifrei
le super sans plomb
  Super bleifrei
le super normal
  Super verbleit
le gazole sans plomb
  Diesel bleifrei
questionner
  fragen
douter
  zweifeln

Expressions

quelque chose dans ce goût-là
etwas in dieser Richtung

je n'en ferais pas ma tasse de thé
da mache ich mir nicht viel draus

il est à croquer
er ist zum Anbeißen

il paraît que ...
man sagt, daß

je ne l'ai pas sur moi
ich habe es nicht dabei

il est question de
man spricht von

vous allez nous faire pleurer
drücken Sie nicht auf die Tränendrüsen

t'assures plus?
machste nicht mehr mit?

laisse béton! ◊
vergiß es!

elle est pas mal du tout
sie sieht gar nicht übel aus

se foutre dans une galère pareille ⟨!⟩
in eine dämliche Situation rutschen

ça se pourrait
vielleicht

on pourrait s'arranger
man könnte sich einigen

ça fait problème ◊
das ist nicht einfach

t'as un autre plan?
hast du eine andere Idee?

Plan d'enfer – Höllenplan
Neufranzösisch und multifunktional: **avoir un plan**

«Avoir un plan» entspricht mehr der Idee einer Sequenz (wie im Kino) als einem richtigen Plan. Es drückt aus

1. eine Begeisterung: J'ai un plan d'enfer, un plan super, extra.

2. eine besonders kluge Erfindung: J'ai un plan pour ne pas travailler, pour ne pas payer.

3. eine Beschäftigung: on se fait un plan ciné, resto, un bon plan pour la soirée.

4. ein soziales Verhalten: il nous fait le plan BCBG, le plan écolo (écologiste)

5. ein Anmache: Il me fait le plan amoureux fou.

THÉORIE

A. Pronoms relatifs – Relativpronomen

Qui

Tu connais Marie **qui** fait carrière dans la pub?
*Kennst du Marie, die eine Karriere in der Werbe-
branche macht?*

C'est la voiture **qui** consomme peu.
Das ist das Auto, das wenig verbraucht.

Le patron de Thierry **qui** joue au golf, est très riche.
Der Chef von Thierry, der Golf spielt, ist sehr reich.

„Qui" steht für das Subjekt – es bezieht sich auf
Personen und auf **Sachen!**

Nach «qui» kommt direkt das Verb – nach **qui**
kommt weder ein Personalpronomen (je, elle, etc)
noch ein Substantiv.

Que

C'est Paul **que** j'ai vu hier.
Das ist Paul, den ich gestern gesehen habe.

C'est la voiture **que** tout le monde devrait acheter.
Das ist der Wagen, den alle kaufen sollten.

La minette **que** je connais depuis hier.
Das Mädchen, das ich seit gestern kenne.

«que» steht für ein Objekt – es bezieht sich so-
wohl auf **Personen** als auch auf **Sachen.** Que
entspricht dem deutschen den, die, das, die.

A-1 Faites-en une phrase avec «qui».

1. Véronique habite dans un bel appartement;
l'appartement appartenait à sa mère.

Véronique habite dans un bel
appartement qui appartenait à sa mère.

2. Joséphine a trouvé un travail; *ce travail* est
bien payé.

3. Thierry aime regarder les équipes de foot; *ces
équipes* sont gagnantes.

4. Elle connaît Marie; *Marie* a quatre enfants.

5. Pourrais-tu me passer l'adresse de ton coiffeur;
ce coiffeur coupe si bien les cheveux.

6. Xavier a rencontré une Anglaise; *l'Anglaise* lui
plaît beaucoup.

A-2 La même chose avec «que»

1. Je vous présente Marie et Xavier; je connais
Marie et Xavier depuis longtemps.

Je vous présente Marie et Xavier
que je connais depuis longtemps.

2. C'est le nouveau prof de yoga; j'apprécie
beaucoup *ce nouveau prof.*

3. Tiens, voilà l'adresse de mon coiffeur; tu voulais
cette adresse.

4. Xavier ne veut pas la chambre; son «beauf» lui
propose *cette chambre.*

5. Jean pense à la nouvelle voiture; il veut acheter
cette nouvelle voiture.

LA CONVERSATION   111

Dont

C'est Marie **dont** je te parle.
Das ist Marie, von der ich spreche.

C'est la voiture **dont** je rêve.
Das ist der Wagen, von dem ich träume.

«Dont» ist Objekt – bezieht sich auf einen Satzteil mit de.

Je parle **de** mon beau-frère.
Mon beauf **dont** je te parle. (parler de)
Je suis content **de** ma voiture.
La voiture **dont** je suis content. (être content de)

«Dont» steht für einen Ausdruck mit «de …» und verbindet Sätze miteinander, es entspricht den deutschen «deren, dessen, von den/der/dem».

1. C'est Madame Lavitendre.
2. La fille de Madame Lavitendre est mariée avec Dubois.
1. + 2. C'est Madame Lavitendre **dont** la fille est mariée avec Dubois.
Das ist Frau Lavitendre, deren Tochter mit Dubois verheiratet ist.

PRATIQUE

A-3 Avec «dont»

1. Xavier sort avec une Anglaise. Il est amoureux **de cette Anglaise.**

   Xavier sort avec une Anglaise dont il est amoureux.

2. Phillipe a trouvé un appartement. Il est très fier *de cet* appartement.

3. Ils écoutent Nirvana. On parle beaucoup *de Nirvana* actuellement.

4. Donne-moi le titre du nouveau livre de Marguerite Duras. Tu m'as parlé *de ce nouveau livre.*

5. C'est Marie. Le mari *de Marie* est très jaloux.

6. Je vous présente Thierry. Je connais également ses parents.

7. Voilà Caroline. Sa maison se trouve près du golf.

8. Voilà Gisèle. Sa fille est enceinte.

A-4 Complétez avec qui, que ou dont

1. C'est une femme .... fait une carrière super. 2. C'est le prof de Tai chi .... je t'ai parlé. 3. C'est vraiment la musique .... je préfère. 4. Les enfants .... sont sur la photo, sont les enfants de Marie. 5. L'homme .... je suis amoureuse est marié. 6. Tous les meubles .... sont dans la salle de séjour viennent de chez IKEA. 7. C'est ce genre de vie .... me plaît, ... j'aime et .... je suis fier! 8. Tous les meubles .... nous avons viennent de chez IKEA. 9. Les enfants .... tu vois sur la photo sont les enfants de Marie.

A-5 Traduisez

Avec qui, que ou dont.

1. Die Frau, die viel spricht, ist meine Schwester. 2. Das Auto, das ich gekauft habe, ist französisch. 3. Das ist das Mädchen, von dem ich träume. 4. Das ist der Mann, der die Tochter vom Chef geheiratet hat. 5. Die Wohnung, die ich gern hätte, ist zu teuer. 6. Der Film, von dem ich erzähle, hat mir sehr gut gefallen.

LA CONVERSATION

113

THÉORIE

B. Schmieröl für die Konversation

Die kleinen Ausdrücke, die im Gespräch
eingebaut werden.

Pour exprimer son étonnement
um Erstaunen auszudrücken

Ah bon?	Ja, wirklich?
Ça alors!	So was!
Ah oui?	So?
Vraiment?	Wirklich? Tatsächlich?
C'est incroyable!	Das ist nicht zu fassen!
Ça m'étonne!	Das wundert mich!
C'est pas vrai!	Das kann nicht wahr sein!
Pas possible!	Unmöglich!
C'est fou!	Das ist verrückt!
C'est dingue!	Das ist verrückt!

Pour questionner – um Fragen zu stellen

Dis-moi un peu …	Erzählt mal...
Dites-moi …	Sagen Sie mal
A votre avis …	Ihrer Meinung nach
Qu'est-ce que vous en pensez ?	Was halten Sie von …
Je voulais vous demander …	Ich wollte Sie mal fragen
Qu'est-ce que vous voulez dire par …	Was meinen Sie mit …

Pour montrer que l'on est au courant!
Um zu zeigen, was man weiß

A mon avis	Meiner Meinung nach
Effectivement	Tatsächlich, in der Tat
A propos	Bei dieser Gelegenheit
En fait, c'est simple	Eigentlich ist das ganz einfach
Ça me rappelle	Das erinnert mich an...
Moi, c'est pareil	Mir geht's genauso
Moi, je peux vous dire	Ich kann Ihnen sagen
En effet	In der Tat
D'après moi, …	Meiner Meinung nach

PRATIQUE

B-1 Vous introduisez des sujets de conversations

Sie wechseln **das Gesprächsthema.** Sie möchten über bestimmte Personen oder Sachen reden.

1. Sur Marie: (sur son nouveau travail)
2. Sur l'équipe de foot: (sur les nouveaux joueurs)
3. Sur Philippe: (sur son nouvel appartement)

B-2 Choisissez votre réponse

1. Alors, vraiment, vous faites du yoga?
2. Mélanie a quatre enfants.
3. L'équipe de foot italienne a perdu le match.
4. Je n'aime pas regarder la télé.
5. Jean joue au tennis.
6. La bière est une spécialité française.

7. Thierry s'est acheté une Honda.
8. Xavier préfère les Françaises.
9 La fille de Mélanie est enceinte.

a. Absolument pas, c'est l'équipe de France!
b. Moi, c'est pareil.
c. Mais oui, c'est vrai!

d. Ça dépend ...
e. Pas du tout, au foot!

f. D'après ce que je sais, c'est la fille de Gisèle.
g. C'est faux!
h. Vous ne confondez pas avec Marie?
i. Mais non, une Clio!

THÉORIE

Pour introduire de nouveaux sujets
Um neue Themen einzuführen

J'ai entendu dire que ...	Ich habe gehört, daß ...
J'ai lu que	Ich habe gelesen, daß ...
On m'a raconté que	Jemand hat mir erzählt, daß ...
Vous ne savez pas la dernière.	Ihr wißt noch nicht das Neueste.
Vous n'allez pas le croire, mais ...	Sie werden es nicht glauben, aber
Vous saviez que ...	Wußten Sie, daß ...
Au fait	Apropos
D'ailleurs	Außerdem

Pour montrer son désaccord
Um Meinungsverschiedenheit zu zeigen

Mais pas du tout	Überhaupt nicht
Absolument pas	Durchaus nicht, gar nicht
Vous n'y êtes pas	Sie verstehen nicht
Ça dépend	Das kommt darauf an
Mais non, voyons	Aber nein, sehen Sie doch

Pour montrer son doute
Um seine Zweifel zu zeigen

Vous en êtes sûr?	Sind Sie sicher?
Vous ne confondez pas avec ...?	Verwechseln Sie nicht mit ...?
D'après mes informations	Nach allem, was ich gehört habe
Vous croyez?	Glauben Sie?
D'après ce que je sais...	Soweit ich weiß...

B-3 Vous réagissez aux déclarations suivantes:

Vous pouvez questionner, douter, contredire, approuver, vous étonner – Sie können fragen, zweifeln, widersprechen, bejahen, sich wundern

1. Les femmes n'aiment pas bavarder.
2. Les Français doivent acheter français.
3. Pour faire carrière, il faut être pistonné.

B-4 Vous êtes vraiment surpris

Sie sind wirklich überrascht und können es nicht glauben.

1. Mélanie va faire une thérapie.
2. Jean a été nommé directeur de sa boîte.
3. L'équipe de foot française et l'équipe de foot allemande ont formé une équipe commune.
4. L'IVG est autorisée partout en Europe.

B-5 Lisez les déclarations et réagissez

Lesen Sie die Aussagen und reagieren Sie:

	question	désaccord	étonnement
1. Brigitte Bardot exagère avec ses animaux.		■	■
2. Il y a trop d'étrangers en France.	■	■	
3. J'ai vu le président de la République dans une boîte de nuit.	■		■
4. Les gens ne travaillent pas assez.	■	■	
5. Les Français parlent bien l'anglais.		■	
6. Gérard Depardieu est chanteur de rock.	■		■

THÉORIE

C. Les mots d'origine anglaise

«L'anglomanie ou franglais»
(Übernahme von englischen Wörtern)

Dans le sport

Faire du foot (football)

Le match:	das Spiel
Le penalty:	Elfmeter
Le goal:	Torwart
Le corner:	Eckball

Faire du volley-ball/du basket-ball/du tennis /du jogging/du trekking/du golf /du rugby/du surf

Dans certains domaines à la mode

Le rebirthing, le marketing
Le design

Le compact ou le laser	CD
Le briefing	Informieren, Hinweise erteilen
Le week-end:	Wochenende
Le look:	Aussehen
Le scoop	letzte Topneuigkeit

Dans certaines expressions «in»

C'est cool	Kühl, zurückhaltend, ruhig – bedeutet auch angenehm
flasher sur	Erleuchtung, auf etwas scharf sein
speeder	Nervös, fiebrig sein
Le break:	Pause, Stop machen
Le blues:	Unangenehmes Gefühl, depressiv; nicht gut drauf sein
Le feeling	Gefühl
se shooter	Spaß haben mit etwas (auch mit Schokolade!)
flipper	Deprimiert, außer sich sein
Le flop, le fiasco	Mißerfolg

Franglais: so nennt man die englischen Wörter im Neu-Französisch. Die meisten dieser Ausdrücke kommen aus Sport, Medizin, Wirtschaft, Kultur und Drogenszene.

C-1 Quel sport pratique

1. Boris Becker?
2. Monsieur Clinton?
3. Magic Johnson?
4. Le patron de Thierry?
5. Ma sœur?
6. Jean-Claude Killy?

a. jogging
b. tennis
c. golf
d. trekking
e. ski
f. basket-ball

C-2 Parlez comme les jeunes!

Dites-le autrement!

A la place de:

1. Cette fille-là **me plaît beaucoup**.

....

2. On fait une petite **pause**.

....

3. En ce moment, je suis très **stressé**.

....

4. Je **ne me sens un peu déprimé**.

....

5. Tes réflexions désagréables, ça **me rend fou**.

....

6. C'est vachement **sympa**, super agréable.

....

Au choix: faire flipper, faire un break, flasher sur, être speedé, avoir le blues, cool.

Note culturelle

Die «Académie Française» sorgt für die Erhaltung des korrekten Französisch. – Die vierzig Mitglieder – les Académiciens – sind Schriftsteller und Wissenschaftler. Sie werden auf Lebenszeit gewählt und heißen auch «les Immortels». Die Akademie untersucht, ob neue Wörter, die aus aus der Technologie, Wissenschaften oder aus anderen Bereichen allmählich in die aktuelle Sprache eingehen, richtiges Französisch sind oder nicht. Sie entscheidet über Änderungen der Rechtschreibung bestimmter Wörter, und sie macht sich stark gegen Fremdwörter, die durch französische Wörter ersetzbar sind.

THÉORIE

**Un peu de «verlan»
(à l'envers – anders-
rum/umgekehrt)**
La meuf: la femme
Le Beur: Arabe –
die zweite Generati-
on, die in Frankreich
lebt.
Le keuf: le flic –
Polizist
Laisse béton: laisse
tomber –
vergiß es
ripou: pourri –
versaut, korrupt
Le féca: café.
Ein bißchen altmo-
disch!
le Keum: le mec –
Typ. Oft gebraucht
und bekannt!
chébran: branché –
«in»

Alle diese Ausdrücke
und Wörter werden
aufgeführt, damit Sie
verstehen, worum es
geht! – Passen Sie
auf, wem gegenüber
Sie solch «kriminel-
le» Wendungen ge-
brauchen.

D. Le discours indirect – Indirekte Rede
Aussagesätze
Joséphine **dit qu'**elle fait du yoga tous les jours.
Joséphine sagt, daß sie jeden Tag Yoga macht.

Xavier m'a **dit qu'**il veut changer d'appart.
Xavier hat mir erzählt, daß er umziehen will.

Thierry **pense que** son chef va partir.
Thierry denkt, daß sein Chef weggehen wird.

Die indirekte Rede steht hinter den Verben:
dire, penser, croire, écrire, affirmer (behaupten)

Discours direct	**Discours indirect**
Joséphine dit: «Je mange des carottes tous les jours.»	Joséphine dit qu'elle mange des carottes tous les jours.
Thierry pense: «J'aimerais bien changer de télé.»	Thierry pense qu'il aimerait bien changer de télé.

Beachte: Im Deutschen steht in der indirekten
Rede oft auch der Konjunktiv (er habe das getan,
wir hätten das nicht gewußt...) Für das Französische
gilt das nicht, der Modus (Indikativ bzw. Subjonctif)
bleibt erhalten.

PRATIQUE

D-1 Mettez au discours indirect:

1. Véronique me dit: «Je pense faire un stage de photo.» *Véronique me dit qu'elle pense faire un stage de photo.*

2. Xavier pense: «Philippe est vraiment super».

....

3. L'entraîneur dit: «Mes joueurs ne sont pas très en forme actuellement.» ....

....

4. La femme de Jean dit: «Je ne regarde jamais la télé.» ....

....

D-2 Faites des phrases avec «penser que, dire que»

1. Marie est tranquille, les quatre enfants sont à l'école.

Elle pense *qu'elle est tranquille.*

Elle dit *que les enfants sont à l'école*

2. Xavier va prendre un demi, il boit trop.

Il dit ....

Il pense ....

3. Valérie ne mange jamais de chocolat, ça fait grossir.

Elle dit ....

Elle pense ....

4. l'Anglaise apprend le français, c'est mieux avec un copain français.

Elle dit ....

Elle pense ....

LA CONVERSATION 121

THÉORIE

Wort-Fragen

Jean demande à Thierry: «Où a joué l'équipe de foot?» | Jean **demande** à Thierry **où** l'équipe de foot a joué.

«Comment a-t-elle perdu?» | **comment** elle a perdu.

«Pourquoi est-ce que les joueurs sont si nuls?» | **pourquoi** les joueurs sont si nuls.

«Que va faire l'entraîneur?» | **ce que** l'entraîneur va faire.

«Qu'est-ce qui doit changer?» | **ce qui** doit changer.

Satz-Fragen

Jean demande à Thierry: «Est-ce que Sylvie a bien joué?» | Jean demande à Thierry

| **si** elle a bien joué.

«Tu as bien travaillé?» | **s'il** a bien travaillé.

«As-tu lu ça?» | **s'il** a lu ça.

In der indirekten Satzfrage steht «si» –ob.

Befehle & Wünsche

Elle lui demande: «Viens!»
Elle lui demande de venir.
Sie bittet ihn, daß er kommt (zu kommen).

Il nous a dit: «Restez à la maison!»
Il nous a dit de rester à la maison.
Er hat gesagt, wir sollen zu Hause bleiben.

Wenn ein Befehl oder Wunsch wiedergegeben wird, so steht die Konstruktion: Verb + de + Infinitiv. Das gilt für Verben wie **dire (de)**, **demander (de)**. Auf deutsch wird der indirekte Befehl mit «sollen» wiedergegeben.

Beachte:
Manches muß sich ändern: Je demande à Sylvie: «C'est *ton* livre?» Je demande à Sylvie si c'est *son* livre.
Il m'a dit: «*Je* viens demain.» Il m'a dit qu'*il* vient demain.

Die Perspektive des Sprechers muß erhalten bleiben. Dazu werden manche Pronomen und Zeitangaben verändert. Das ist im Deutschen auch nicht anders, man braucht also nur logisch nachzudenken.

D-3 Complétez avec: où, comment, si, pourquoi – plusieurs possibilités

Xavier demande à la jeune Anglaise,
1. … elle habite,
2. … elle veut rester en France deux mois,
3. … elle trouve les jeunes Français,
4. … elle veut sortir ce soir,
5. … est sa bicyclette,
6. … elle pense rester un jour en France,
7. … elle aime le Rap et,
8. … elle a flashé sur lui aussi …?

D-4 Mettez au discours indirect

1. Véronique dit à Mélanie: «L'année prochaine, Joséphine restera trois mois en Italie.» **2.** Mélanie demande à Véronique: «Aimerais-tu aller la voir?» **3.** Véronique lui répond: «Non, parce que je trouve cette idée stupide.» **4.** Mélanie dit: «Moi, je trouve cette idée géniale.» **5.** Véronique répond: «Je préfère rester ici avec mes amis.»

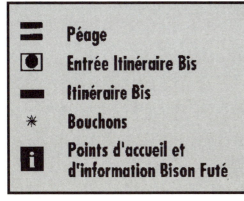

Itinéraire
- Reise, Weg

E. Le plus-que-parfait

Elle **avait plaqué** son mari.
Sie hatte ihren Mann verlassen.

Nous l'**avions** souvent **emmenée.**
Wir hatten sie oft mitgenommen.

Il m'**avait invité** à jouer au golf.
Er hatte mich zum Golfspielen eingeladen.

Elle m'**avait semblé** très froide.
Sie war mir sehr kühl erschienen.

Das **plus-que-parfait** bildet sich sehr einfach mit **avoir oder être** im **imparfait** *und* der **participe-passé.**

Handlungen in der Vergangenheit stehen im Imparfait oder passé composé. Was davor passiert ist, steht im plus-que-parfait (Vorvergangenheit).

«Elle avait plaqué son mari»
steht zeitlich vor «j'ai entendu dire».
«Il m'avait invité».
steht zeitlich vor «sa femme était là aussi».

Avec être			Avec avoir		
J'	étais	parti (e)	J'	avais	pensé
Tu	étais	arrivé (e)	Tu	avais	parlé
Il	était	rentré	Il	avait	demandé
Elle	était	venue	Elle	avait	marché
Nous	étions	resté(e)s	Nous	avions	dîné
Vous	étiez	sorti(e)s	Vous	aviez	parlé
Ils	étaient	allés	Ils	avaient	bavardé
Elles	étaient	allées	Elles	avaient	dansé

E-1 Avant de changer de vie

Faites attention: être ou avoir?

1. Joséphine _avait réfléchi_ à tout. (réfléchir)

2. Elle _avait parlé_ avec ses amies. (parler)

3. Elle _avait décidé_ de recommencer à travailler. (décider)

4. Elle _était allée_ voir son prof de yoga. (aller)

5. Elle _avait acheté_ des livres de Christiane Rochefort. (acheter)

6. Elle _avait demandé_ des conseils à Marie. (demander)

7. Sa mère _était venue_ pour l'aider. (venir)

8. Elle lui _avait raconté_ sa vie. (raconter)

9. Son mari _était parti_ toujours en voyage. (partir)

10. Il lui _avait dit_ qu'elle était libre. (dire)

11. Elle _avait pris_ la décision de tout plaquer. (prendre)

THÉORIE

F. Les petits mots

Les mots raccourcis! – abgekürzte Wörter

le prof	le professeur	Lehrer
le bac	le baccalauréat	Abitur
la pub	la publicité	Werbung
le foot	le football	Fußball
la télé	la télévision	Fernsehen
le ciné	le cinéma	Kino
le resto	le restaurant	Restaurant
l'appart	l'appartement	Wohnung
le beauf ◊	le beau-frère	Schwager
l'écolo ◊	l'écologiste	Umweltschützer
la fac	la faculté	Uni
un max ◊	un maximum	Maximum
l'intello ◊	l'intellectuel	Intellektuell
l'ado	adolescent	Jugendlicher

Les abréviations

L'IVG Interruption volontaire de grossesse (Freiwilliger Schwangerschaftsabbruch)

La CGT Confédération générale du travail

Note culturelle

L'IVG ist seit 1975 bis zur 12. Schwangerschaftswoche legalisiert und wird von der Sécurité Sociale (Krankenkasse) bezahlt.
Nach einer Beratung kann die IVG im Krankenhaus durchgeführt werden. Allerdings gibt es Krankenhäuser, die diese Eingriffe ablehnen. Immer wieder kommt es auch zu Zwischenfällen mit den militanten Abtreibungsgegnern der Gruppe «Laissez-les vivre».

F-1 Mots croisés – Kreuzworträtsel

Horizontal

1. On y habite.
2. Article partitif masculin.
2. C'est le frère de votre mari.(langue parlée)
3. «Si» en allemand. La plus grande compagnie aérienne allemande.
4. On y va le samedi soir pour voir ses acteurs préférés.
5. Le sport le plus connu.
6. Il aime la nature et de plus en plus la politique.
6. Parti du Président Mitterand. (voir abréviations)
7. L'eau écrit comme on le dit – Syndicat de gauche proche du PC.
8. Le contraire de oui – D'accord en franglais.

Vertical

A. Un jeune.
B. Aide à vendre tous les produits.
C. Décontracté.
D. Instrument de musique fabriqué par Stradivari.
F. On la regarde tous les jours, même trop.
H. On y mange.
I. Contraire du succès en franglais.

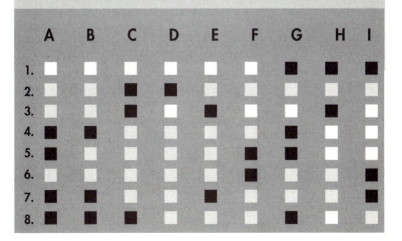

THÉORIE

G. Notre chère petite voiture

Ses grandes qualités

Que doit avoir une voiture pour être séduisante?
Une conduite agréable et souple avec une **direction
assistée**, une excellente **tenue** de route, une bonne
accélération, de la sécurité avec des **pneus performants**, des **ceintures de sécurité** réglables à l'avant
et à l'arrière, le confort avec des **sièges** confortables,
la **climatisation,** une **consommation d'essence** mi-
nimum, un **catalysateur** ou **pot catalytique** pour une
meilleure protection de l'environnement, un **verrouillage centralisé**, **des rétroviseurs** réglables de l'inté-
rieur, ne jamais tomber en panne!

**La direction
assistée**:
Servolenkung
la tenue de route:
Straßenlage
l'accélération:
Beschleunigung
le pneu performant:
Leistungsfähiger
Reifen
**la ceinture de
sécurité**:
Sicherheitsgurt
le siège: Sitz
**la consommation
d'essence**:
Benzinverbrauch
**le verrouillage
centralisé**:
Zentralverriegelung
le rétroviseur:
Außenspiegel

En route sur les autoroutes, les nationales, les
départementales.

Les limitations de vitesse:

autoroute:	**130 km/h**
nationales et départementales:	**90 km/h**
villages:	**50 km/h**

Les gendarmes vous protègent! Et le radar aussi!

A la station-service

Vous choisissez:

essence

«normale sans plomb»	Normal bleifrei
super «sans plomb»	Super bleifrei
super «normal»	Super verbleit
«gazole sans plomb»	Diesel bleifrei

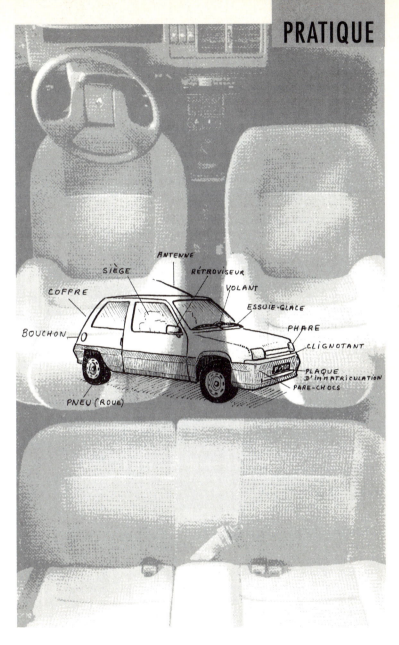

ANTENNE
SIÈGE
RÉTROVISEUR
VOLANT
COFFRE
ESSUIE-GLACE
BOUCHON
PHARE
CLIGNOTANT
PLAQUE D'IMMATRICULATION
PARE-CHOCS
PNEU (ROUE)

THÉORIE

Bis

SECURITE ROUTIERE

Vous demandez:

«Le plein, s'il vous plaît.»	*«Volltanken, bitte.»*
«Vous pouvez vérifier les niveaux?» (de l'huile et de l'eau)	*«Können Sie nach dem Öl und Wasser schauen?»*
«Vous pouvez contrôler la pression des pneus?»	*«Können Sie den Reifendruck nachprüfen?»*
«Pourriez-vous nettoyer le pare-brise?»	*«Könnten Sie die Windschutzscheibe saubermachen?»*
«Vous avez de l'eau et une éponge?»	*«Haben Sie Wasser und einen Schwamm?»*
«Je peux payer en liquide?»	*«Kann ich bar zahlen?»*
«Oui, ou avec votre carte de crédit.»	**«Ja, oder mit Ihrer Kreditkarte.»**
Le dépannage	*Abschleppdienst*

130   Thème 3

G-1 Repondez

PRATIQUE

1. Quelle voiture avez-vous? ....*Une Peugeot*..............................

....

2. Quelle est son année de construction? (Baujahr) ....

....

3. Quelle est sa couleur? ....

....

4. A-t-elle un catalysateur? ....

....

5. Combien consomme-t-elle aux 100? ....

....

6. Vous avez déjà fait combien de kilomètres? ....

....

7. Vous avez la direction assistée? ....

....

8. Vous roulez à combien sur l'autoroute?

(Wie schnell fahren Sie auf der Autobahn?) ....

....

9. Il y a la climatisation? ....

....

10. Qu'est-ce que vous aimez dans votre voiture? ....

....

LA CONVERSATION   131

ÉCOUTEZ

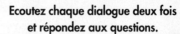

**Ecoutez chaque dialogue deux fois
et répondez aux questions.**

Vrai (v) ou faux (f)?

	v	f

Dialogue 1: Entre femmes

	v	f
1. Mélanie est allée samedi chez le coiffeur.	▪	▪
2. Mélanie a de beaux cheveux.	▪	▪
3. Véronique veut garder sa couleur de cheveux.	▪	▪
4. Gérard est d'accord avec Véronique.	▪	▪
5. Véronique accepte la proposition du coiffeur.	▪	▪

Dialogue 2: Entre hommes

	v	f
1. Philippe a trouvé un appart.	▪	▪
2. Il va habiter avec Martine.	▪	▪
3. L'appartement a cinq pièces.	▪	▪
4. Arthur va habiter avec Philippe.	▪	▪
5. Philippe reste calme.	▪	▪
6 L'appart coûte 2000 par mois.	▪	▪
7. Philippe veut habiter chez son beauf.	▪	▪
8. Philippe a beaucoup d'argent.	▪	▪

Prononciation

Mettez la cassette, appuyez sur le bouton, écoutez et répétez:

les «c» devant -o, -a, -u: raconter, copine, vacances, carrière, au courant, à côté, la coupe, le coiffeur, incapable, économique, écologique, t'occupes pas!

les «c» devant -e, -i: la France, vacances, ciné

le «c» cédille (ç): ça alors!, à part ça, comme ça, de toute façon, français, française

les «g» devant -o, -a, -u: ce goût-là, le gosse, le golf, garder, l'angoisse, figure-toi, gorge

les «g» devant -e, -é, -i: Gérard, Georges, s'arranger, géant, Gisèle

Écoutez les questions, faites attention à l'intonation et répétez.

Tu ne sais pas la dernière? – Tu as changé de coiffeur? – Elle est mignonne, sa femme? – Vous êtes sûr? – Tu bois quelque chose? – Tu connais pas un appart libre? – T'as un autre plan? – Vous pouvez vérifier les niveaux? – Vous avez de l'eau et une éponge?

Thème 3

bavarder - schwatzen, klatsche

Mini-dialogues

A. Tu connais la fille **qui chante?**
B. Oui, c'est la fille **que j'aime.**
1. chanter/aimer
2. bavarder/ détester
3. danser / admirer
4. jouer au tennis/ vouloir
5. parler anglais/ ne pas comprendre

A. Tu connais la voiture **qui** est **devant l'hôtel?**
B. Oui, c'est la voiture **que je préfère.**
1. devant l'hôtel/ préférer
2. sur la plage/ vouloir acheter
3. devant ta porte/ vendre
4. sur la pub/ offrir à mon mari
5. devant le garage/ venir d'acheter

A. Qu'est-ce que tu avais fait avant **de travailler chez   Lavitendre?**
B. J'étais allé **aux Etats-Unis**
1. de travailler chez Lavitendre/aller aux Etats-Unis
2. de rencontrer Marie/ faire un stage de formation
3. de venir habiter à Paris/ visiter l'Asie
4. de faire des études de médecine/ méditer au Népal.
5. de vivre sur une petite île/vivre trois mois dans le métro.

Et votre nouvelle voiture?
Je peux vous demander
1. combien .... ?
2. où .... ?
3. comment .... ?
4. ce que .... ?

Maxi-dialogues

A et **B** se rencontrent dans un café et parlent de **C** qui est partie en voyage avec le mari de **B**.

A fait connaissance de **B** dans une boîte. Il raconte sa vie.

A et **B**, un vieux couple au petit déjeuner un dimanche matin. Il n'y a pas de journal.

ON N'ARRÊTE PAS DE PARLER!

environ - ungefähr
bavarde - schwatzen, klatschen
l'avocat - Rechtsanwalt
l'endroit - Ort
parfois - z. B.

Chaque semaine, nous parlons avec environ 17 personnes différentes. Avec certaines, on parle même plusieurs fois. C'est avec la famille et les amis que l'on bavarde le plus, ensuite viennent les collègues de travail, les membres de clubs sportifs où l'on passe une partie de son temps libre. On parle aussi dans les magasins et même dans les supermarchés. Il ne faut pas oublier les contacts avec les employés de la poste, de la banque, du gaz, des transports, avec le médecin, l'avocat et les voisins.

Bien entendu l'âge, le milieu, la profession, l'endroit où l'on habite, la famille jouent un grand rôle dans les rencontres et dans les sujets de conversation. Et de plus, les femmes préfèrent parler aux femmes, les hommes aux hommes,

les jeunes aux jeunes. La communication entre les vieux et les jeunes est assez rare.

C'est la même chose dans le monde du travail. Il y a peu de contacts entre les patrons et les ouvriers, les employés et les profs de fac. Un voyage ou des vacances permettent parfois à des gens de milieux différents de bavarder ensemble, mais c'est l'exception!

Chez les jeunes, on discute surtout avec les copains au café, dans la rue, au resto, en boîte, avant, après le ciné, encore dans les clubs de sport, dans les soirées. On parle des filles, des garçons et de tout, si possible dans une langue difficile à comprendre pour les autres.

Plus tard, on se calme, les copains deviennent moins importants et on retrouve la famille, les collègues de travail, les amis dans les clubs

différent	unterschiedlich
le membre	Mitglied
la partie	Teil
la banque	Bank
le médecin	Arzt
l'âge (m)	Alter
le milieu	Milieu
le sujet	Thema
la conversation	Gespräch
l'ouvrier (m)	Arbeiter
rare	selten
l'exception (f)	Ausnahme
le travailleur	Arbeitnehmer
la langue	Sprache
important	wichtig

l'association (f)
Verein
celle
diese
aller à la pêche
fischen
les personnes âgées
ältere Menschen
en moyenne
im Durchschnitt
la possibilité
Möglichkeit

eu moyenne
- im Durchschnitt

sportifs ou dans une association. On s'éclate encore au café. Ceci surtout pour les hommes. Les femmes sont très actives, elles aiment bavarder, raconter leur vie et celle des autres! avec leurs amies, la famille, les collègues et avec les voisines. Elles discutent aussi dans les stages, les cours de gymnastique, de théâtre, de yoga etc. La communication des femmes se fait aussi beaucoup au téléphone.

Chez les intellectuels, on parle beaucoup, on a un avis sur tout et les occasions de rencontres sont les plus nombreuses. On sort beaucoup, au théâtre, au concert, au restaurant, au cinéma, au café et on s'invite à la maison. Les travailleurs, ouvriers, employés sortent aussi mais préfèrent la pêche, les pique-niques, le foot, les repas en famille. En moyenne, ils parlent beaucoup moins.

Il y a aussi les personnes âgées ou les gens qui vivent seuls qui voudraient bien parler mais n'ont personne. Et puis il y a aussi des gens qui n'aiment pas parler et trouvent les conversations ennuyantes. Ils préfèrent être tranquilles pour lire, rêver, regarder la télé. etc.

En fait, chaque milieu, chaque personne a ses sujets de conversation, et plus on rencontre de personnes et plus on parle, plus il y a de possibilités de conversation et plus il y a de plaisir à parler.

Compris?

Vrai (v) ou faux (f)?

	v	f
1. Il n'y a plus de communication dans la vie.	☐	☐
2. La communication marche surtout entre les groupes différents.	☐	☐
3. Les patrons discutent beaucoup avec les ouvriers.	☐	☐
4. Les jeunes ont leur langue à eux.	☐	☐
5. Les hommes téléphonent plus que les femmes.	☐	☐
6. Entre les intellectuels il y a plus de communication.	☐	☐
7. Les personnes âgées aimeraient plus de communication.	☐	☐
8. Plus on parle, plus on aime parler.	☐	☐

A vous!

1. Où est-ce que vous avez connu vos amis?
2. Ça vous plaît de draguer dans les boîtes?
3. Vous trouvez qu'il n'y a pas assez de communication entre les gens?

la dispute – der Streit

LA DISPUTE

Un couple ordinaire

Annie T'es pas bavard, Julien. Y a quelque chose qui te plaît pas?

Julien Non.

Annie Pourtant, avec la tête que tu fais, mon chéri.

Julien Mais non, ça va très bien.

Annie Si je t'ai fait quelque chose, tu peux me le dire.

Julien Ecoute Annie, j'ai pas envie de parler. Laisse-moi tranquille.

Annie Mais je vois bien qu'il y a quelque chose qui cloche. Dis-le moi ce qui ne va pas!

Julien M'énerve pas, fiche-moi la paix.

Annie Mais s'il n'y a rien, pourquoi tu fais la gueule?

Julien Mais je te dis que je ne fais pas la gueule. Tu m'agaces à la fin.

Annie Oh, j'en ai marre. Je déteste que tu me fasses la tête. Je vais regarder la télé.

espéce - Art vou
evidemment - natürlich
selbstverständlich

Histoire de filtre à café

Julien Tu sais où sont les filtres à café? Je ne les vois pas.

Annie Y en a plus. Il faut absolument que nous en achetions.

Julien Tu aurais pu y penser.

Annie Toujours moi. T'as qu'à y penser, toi. Tu penses jamais à rien, tu penses qu'à toi, espèce d'égoïste.

Julien Tu exagères. Si tu crois qu'avec mon boulot, j'ai encore le temps d'aller faire les courses.

Annie Evidemment, et moi je m'amuse au bureau.

Julien Je ne te le fais pas dire, sale râleuse.

Annie mufle! Si je n'avais pas travaillé toutes ces dernières années, comment aurait-on pu payer l'appartement? Et en plus, j'en fais deux fois plus que toi à la maison.

Julien T'as qu'à mieux t'organiser. Si tu voulais, tu pourrais certainement y arriver.

Annie Tu déconnes tout à fait.

Julien Si tu n'avais pas téléphoné aussi longtemps avec ta soi-disante copine, tu aurais certainement eu le temps d'acheter des filtres.

Annie Qu'est-ce que tu peux être salaud, quand même!

Julien Je t'en prie, ne t'emballe pas et ne deviens pas vulgaire. Mais la prochaine fois, pense aux filtres à café!

A propos d'un certain Jean-Charles

Julien Annie! Téléphone pour toi. Un certain Jean-Charles que je n'ai pas l'honneur de connaître.

Annie Dis-lui que je rappellerai.

Julien Pourquoi, je te gêne?

Annie Mais non, voyons. Mais j'ai pas envie de parler boulot maintenant.

Julien Ah, c'est un collègue. Tu ne m'en avais pas encore parlé de ce type.

Annie Mais si, mais tu n' écoutes jamais ce que je te dis.

Julien Avec un prénom pareil, si tu m'en avais parlé, je m'en souviendrais.

Annie Je n'ai peut- être pas dit son nom.

Julien Mais il a ton numéro de téléphone?

Annie Je ne le lui ai pas donné. Il a dû regarder sur le Minitel.

Julien Pourquoi il téléphone ici un dimanche?

Annie Mais chais pas. Tu peux le lui demander!

Julien Tu me prends pour qui? Vas-y toi-même! Il attend, ton Jean-Charles.

Annie Allô!

(Téléphone: clic, clic...)

Une histoire de jalousie

Julien Et alors?

Annie Il avait déjà raccroché.

Julien Ça fait longtemps, qu'il travaille dans ta boîte?

Annie Ça t'intéresse vraiment?

Julien Il était là aussi, hier soir, à votre réunion?

Annie Ça ne te regarde pas. Tu me cherches? Tu veux absolument une scène de ménage?

Julien Non, mais je trouve que t'es pas comme d'habitude. Toi qui détestais le parfum, tu en as maintenant trois flacons; toi qui n'as jamais voulu aller au théâtre avec moi, tu as pris un abonnement avec ta copine.

Annie Je fais ce qui me plaît.

Julien Et cette histoire de stage de formation, tu peux me dire ce que ça veut dire?

Annie Ça c'est la meilleure. Alors tu veux que je passe mes journées à la maison à t'attendre, que je te repasse tes chemises, que je fasse la cuisine et qu'en prime je sois tendre et câline quand tu rentres à la maison? Eh bien non. Il n'en a jamais été question. Et puis j'ai le droit de changer.

Julien Il ne s'agit pas de ça. Ne détourne pas la conversation.

Annie De quoi s'agit-il alors?

Julien Je ne supporte pas que tu me prennes pour un con. *Arschloch*

Annie Qu'est-ce que tu veux dire?

Julien Si tu me trompes, je veux le savoir.

Annie Mais enfin, tu me soupçonnes? *verdächtigen* Mais t'es parano, pauvre débile!

Julien Tu t'imagines que tu vas t'en tirer comme ça? Tu vas me le payer.

Annie Si tu me menaces, *drohen* je me casse. Des mecs craquants, y en a plein sur le marché.

Julien C'est ça, va-t-en, tire-toi, va le retrouver, salope!

REPONDEZ

A.

Vrai (v) ou faux (f)?

Une question par dialogue

	v	f
1. Julien n'est pas de bonne humeur.	☐	☐
2. Julien et Annie s'entendent merveilleusement.	☐	☐
3. Jean-Charles est le meilleur copain de Julien.	☐	☐
4. Annie est la femme idéale pour Julien.	☐	☐

B.

C'est juste? Vrai (v) ou faux (f)?

Répondez aux questions

	v	f
a. Un couple ordinaire		
1. Julien n'a pas envie de parler.	☐	☐
2. Annie a envie de parler.	☐	☐
3. Julien regarde la télé.	☐	☐
b. Histoire de filtres à café		
1. Julien cherche le café.	☐	☐
2. Annie fait toujours les courses.	☐	☐
3. Julien n'aide pas assez à la maison.	☐	☐
c. A propos d'un certain Jean-Charles		
1. Julien connaît bien Jean-Charles.	☐	☐
2. Annie a donné son numéro de téléphone à Jean-Charles.	☐	☐
3. Jean-Charles téléphone souvent.	☐	☐
d. Une histoire de jalousie		
1. Annie est comme d'habitude.	☐	☐
2. Annie a un abonnement au théâtre.	☐	☐
3. Annie aime rester à la maison.	☐	☐

LA DISPUTE
DER STREIT

Un couple ordinaire
Ein normales Paar

ordinaire
gewöhnlich
faire la tête
schmollen
laisser tranquille
in Ruhe lassen
énerver
auf die Nerven gehen
clocher ◊
nicht stimmen
la gueule ‹!›
Maul, Fresse
faire la gueule‹!›
eine Fresse ziehen
agacer ◊
auf den Wecker gehen
à la fin
langsam, schließlich
en avoir marre ◊
es satt haben

Histoire de filtre à café
Geschichte vom Kaffeefilter

le filtre
Filter
absolument
unbedingt

penser
denken
espèce (f) de
Art von ... (verstärkt das Schimpfwort)
l'égoïste (m/f)
Egoist, -in
s'amuser
sich unterhalten, sich amüsieren
sale
dreckig
râleur, -euse ◊
Nörgler, Meckerer
le mufle ◊
Lümmel, gemeiner Kerl
la fois (f)
Mal
arriver à
es schaffen
déconner ◊
spinnen
tout à fait
völlig
longtemps
lange (Zeit)
soi-disant
sogenannt
certainement
bestimmt
salaud ‹!›
Dreckskerl
quand même
wirklich, trotzdem, immerhin

ne t'emballe pas ◊
bleib ruhig, be cool
vulgaire
ordinär

A propos d'un certain Jean-Charles
Was einen gewissen Jean-Charles betrifft

l'honneur (m)
Ehre
gêner
stören
le prénom
Vorname
pareil
derartig
le nom
Name
le Minitel
französisches Btx-System
chais pas ◊
ich weiß nicht
prendre pour
halten für
clic
Knacklaut, sogar im drahtlosen Telefon

Une histoire de
jalousie
  Eine Eifersuchtsge-
  schichte

la jalousie
  Eifersucht
la réunion
  Besprechung
la scène de ménage
  Ehekrach
le flacon
  Fläschchen
l'abonnement (m)
  Abonnement
le stage
  Lehrgang, Workshop
ça veut dire
  das bedeutet
la meilleure
  der Gipfel
repasser
  bügeln
en prime
  als Zugabe
tendre
  zärtlich
câlin
  verschmust
avoir le droit de
  ein Recht haben auf
s'agir de
  sich handeln um
détourner
  ausweichen
supporter
  ertragen

con ⟨!⟩
  Arschloch
prendre pour un con ◇
  für dumm verkaufen
vouloir dire
  meinen
tromper
  fremdgehen, betrügen
soupçonner
  verdächtigen
parano ◇
  paranoid
pauvre
  arm
s'imaginer
  sich vorstellen

s'en tirer
  sich aus der Affäre
  ziehen
se casser ◇
  abhauen
menacer
  bedrohen
craquant ◇
  attraktiv
s'en aller
  weggehen
se tirer ◇
  abhauen
la salope ⟨!⟩
  Drecksau,
  Schlampe

Théorie et pratique

en avoir ras le bol
die Nase voll haben
la fée
Fee
le souhait
Wunsch
le regret
Bedauern
l'humeur (f)
Laune
être de mauvaise humeur
schlechter Laune sein
oublier
vergessen
ranger
aufräumen
le dentifrice
Zahnpasta
le reproche
Vorwurf
se défendre
sich wehren
agacer
nerven
suffire
reichen
se taire
schweigen
la rupture
Bruch
se casser ◊
abhauen

ficher le camp ◊
abhauen
foutre le camp ⟨!⟩
abhauen
l'insulte (f)
Schimpfwort
idiot, -e
Idiot/in
débile
Blödmann
macho
Chauvi
con ⟨!⟩
Arschloch
conne ⟨!⟩
Arschloch
le monstre
Monster
minable
null
garder
behalten
le milieu
Mitte
sentir
riechen
inconnu
unbekannt
tuer
töten
critiquer
kritisieren
la perruque
Perücke

Expressions

je t'ai fait quelque chose?
habe ich dir was getan?
je ne te le fais pas dire
du sagst es selber
mais non, voyons
aber nicht doch
ça ne te regarde pas
es geht dich nichts an
tu me cherches ◊
suchst du Krach mit mir?
y en a plein sur le marché
gibt's wie Sand am Meer
t'as qu'à y penser
du mußt selbst daran denken
c'est ça
genau

THÉORIE

A. Ça se dit mais ça ne s'écrit pas

gesprochen	geschrieben
T'es pas bavard.	Tu n'es pas bavard.
J'ai pas envie	Je n'ai pas envie.
M'énerve pas!	Ne m'énerve pas!
T'as qu'à y penser.	Tu n'as qu'à y penser.
Tu penses qu'à toi.	Tu ne penses qu'à toi.
Chais pas.	Je ne sais pas.
Y a quelque chose?	Il y a quelque chose?
Y en a plus.	Il n'y en a plus.

In der gesprochenen Sprache wird oft das **ne** der Verneinung ausgelassen. **Ne** wird aber benutzt, wenn man die Verneinung betonen oder sich höflich ausdrücken will.

Bei **il y a** wird oft das «il» ausgelassen: y a

Ebenso

Je n'ai pas envie de parler boulot.	*Ich habe keine Lust, über die Arbeit zu reden.*

In der Umgangssprache wird mitunter die Präposition **de** nach dem Verb **parler** oder **discuter** und der bestimmte Artikel ausgelassen, wenn man das Thema der Diskussion oder des Gesprächs angibt.

B. Ne ... que ... = nur

Tu n'as qu'à y penser	Du brauchst nur dran zu denken.
Tu n'as qu'à mieux t'organiser	Du brauchst dich nur besser zu organisieren.
Tu ne penses qu'à toi	Du denkst nur an dich.

Ne ... que bedeutet **nur** und wird oft anstelle von **seulement** verwendet.

ABER: **tu n'as qu'à ...** ist eine feste Redewendung (du brauchst nur ...). In diesem Fall kann man nicht **ne ... que ...** durch **seulement** ersetzen.

B-1 Schränken Sie ein mit *ne ... que*!

1. Je pense à mon travail. ....
.... Je ne pense qu'à mon travail. ...
2. J'ai fait les courses.
3. Nous avons du thé.
4. Il s'agit de toi.

5. Ça fait une semaine qu'il travaille avec moi.
6. J'ai téléphoné dix minutes.
7. Il a mon numéro au bureau.
8. Je vais au théâtre une fois par semaine.
9. Je connais son prénom.

C. Ce que ou ce qui

Tu n'écoutes jamais **ce que** je te dis.
Du hörst nie auf das, was ich dir sage.
Tu peux me dire **ce que** ça veut dire?
Kannst du mir sagen, was es zu bedeuten hat?

Ce que ist Objekt im Nebensatz.

Dis-moi **ce qui** ne va pas.
Sag mir, was nicht stimmt.
Je fais **ce qui** me plaît.
Ich mache, was mir gefällt.

Ce qui ist Subjekt im Nebensatz.

Hauptsatz + ce que   + Subjekt   + Verb
Hauptsatz + ce qui   + Verb

Ce que und **ce qui** werden beide auf deutsch mit *was* übersetzt und dann benutzt, wenn die Relativpronomen sich auf einen ganzen Satz beziehen und nicht auf ein bestimmtes Substantiv.

Si vous aim
dites-

C-1 Il manque «ce que»!

1. Je ne sais pas .... *Ce que* .... tu veux.

2. Je ne sais pas .... tu penses.

3. Dis-moi .... tu penses.

4. Je ne comprends pas .... tu veux dire.

C-2 Il manque «ce qui»!

1. Je veux savoir .... *ce qui* .... t'agaces.

2. Je fais .... me plaît.

3. Je vais te dire .... ne me plaît pas.

4. Dis-moi .... ne va pas.

C-3 «Ce que» ou «ce qui»?

1. Ton travail, c'est tout .... t'intéresse.

2. C'est tout .... j'ai à dire.

3. Dis-moi .... ne va pas.

4. Ça ne te regarde pas .... je fais.

ez le sucre,

e lui.

LA DISPUTE

151

D. Les petits mots «y» et «en»

T'as qu'à **y** penser.
Tu pourrais certainement **y** arriver.

Je vais **à** Paris.	**J'y** vais.
Je n'arrive pas **à** m'organiser.	Je n'**y** arrive pas.
Tu as pensé **aux** filtres à café?	Tu **y** as pensé?
Je m'intéresse **au** théâtre.	Je m'**y** intéresse.
Il était **à** la réunion.	Il **y** était**.**

«Y» hat verschiedene Entsprechungen im Deutschen:

J'y vais.	Ich gehe **hin**.
Je n'**y** **arrive** pas.	Ich **schaffe** es nicht.
Tu **y** as pensé?	Hast du **dran** gedacht?
Je m'**y** intéresse.	Ich interessiere mich **dafür**.
Il **y** était.	Er war **da**.

1. «**Y** »ersetzt Ausdrücke mit **à** + ...

Le café est **sur** la table.	Il **y** est.
Le numéro est **dans** le Minitel.	Il **y** est.

Attention!

«Y» kann sich nicht auf Personen beziehen.

Je pense **à tante Fernande**.	Je pense **à elle**.
Je pense **à mes vacances**.	**J'y** pense.

2. «**Y**» ersetzt Ausdrücke mit **à, sur** ... oder **dans**

D-1 Répondez brièvement avec «y»!

1. Tu vas *au bureau*?

.... *Oui, j'y vais.* ....

2. Il était *à la réunion* ?

....

3. Tu es allé *au théâtre*, hier soir?

....

4. Tu as pensé *au café*?

....

5. Tu penses *à repasser mes chemises*?

....

6. Le café est *sur la table*?

....

7. Mes chemises sont *dans la chambre*?

....

8. Nous allons *à la soirée chez les Dupont*?

....

9. Tu as réfléchi *au problème*?

....

OÙ LE RENCONTRER? AU TRAVAIL!

Il faut que nous **en** achetions.
Tu ne m'**en** avais pas encore parlé.
Je m'**en** souviendrais.

Il n'y a plus **de** filtres.	Il n'y **en** a plus.
Je viens **du** bureau.	J'**en** viens.
Je ne me souviens pas **de** son nom.	Je ne m'**en** souviens pas.
Je n'ai pas envie **de** parler.	Je n'**en** ai pas envie.
Je t'ai parlé **de** lui.	Je t'**en** ai parlé.

«En» hat, genauso wie **«y»**, unterschiedliche Entsprechungen im Deutschen.

Il n'y **en** a plus.	Es gibt keine mehr.
J'**en** viens.	Ich komme von dort.
Je ne m'**en** souviens pas.	Ich erinnere mich nicht daran.
Je n'**en** ai pas envie.	Ich habe keine Lust darauf.
Je t'**en** ai parlé.	Ich habe dir davon erzählt.

3. «En» ersetzt **de + ...**
Es kann sich auch auf Personen beziehen.
Nous parlons **des hommes**.   Nous **en** parlons.

Hinweis: «en» steht auch für Ausdrücke mit Teilungsartikeln (du, de la, de l', des).

D-2 Répondez brièvement avec «en»!

1. Tu viens *du bureau?*

.... *Oui, j'en viens* ....

2. Tu as acheté *des filtres à café?*

....

3. Tu as *du parfum?*

....

4. Vous avez parlé *du boulot?*

....

5. Tu veux *du café?*

....

6. Il y a encore *du café?*

....

D-3 Répondez négativement avec «y» ou «en»!

1. Tu as *de l'argent?*
2. Tu arrives *à l'organiser?*
3. Vous êtes allés *au cinéma?*
4. Tu es resté *à la réunion?*
5. Tu as envie *d'aller au restaurant?*
6. Tu vas aller *à cette soirée?*
7. On a *du pain?*
8. Tu as eu le temps *de faire les courses?*
9. Il a parlé *de moi?*

LA DISPUTE 155

Stellung von «y» und «en»

1. «Y» und «en» vor dem Ver**b**.

J'**y** pense.	Ich denke daran.
J'**en** parle.	Ich spreche davon.
Je n'**y** pense pas.	Ich denke nicht daran.
Je n'**en** parle pas.	Ich spreche nicht da-von.
J'**y** ai pensé.	Ich habe daran ge-dacht.
J'**en** ai parlé.	Ich habe davon ge-sprochen.
Je n'**y** ai pas pensé.	Ich habe nicht daran gedacht.
Je n'**en** ai pas parlé.	Ich habe nicht davon gesprochen.

In der Regel stehen «y» und «en» unmittelbar vor dem konjugierten Verb.

2. «Y» und «en» vor dem Infinitiv.

Je vais **y** penser.	Ich werde daran den-ken.
Je vais **en** parler.	Ich werde davon reden.
Je peux **y** penser.	Ich kann daran denken.
Je veux **en** parler.	Ich will davon reden.
Je viens d'**en** parler.	Ich habe gerade dar-über gesprochen.
Je ne vais pas **y** penser.	Ich werde nicht daran denken.
Je ne veux pas **en** parler.	Ich will nicht davon re-den.

«Y» und **«en»** stehen nicht vor dem konjugierten Verb, sondern vor dem Infinitiv in den Konstruktio-nen mit **vouloir**, **pouvoir**, **aller** und **venir de**.

THÉORIE

Les expressions avec «y» ou «en»

«Y» und «en» kommen in festen idiomatischen Redewendungen vor.

J'en ai marre.	Ich habe es satt.
J'en ai ras le bol.	Ich habe die Nase voll.
J'en fais plus que toi.	Ich tue mehr als du.
Je t'en prie.	Ich bitte dich.
Il n'en est pas question.	Es kommt nicht in Frage.
Tu ne vas pas t'en tirer comme ça.	Du wirst dich nicht so leicht aus der Sache ziehen.
Je m'en vais.	Ich gehe.
Qu'est-ce qu'il y a?	Was ist los?
Je n'y arrive pas.	Ich schaffe es nicht.
On y va.	Los, laß uns gehen
Ça y est.	Da haben wir es, es ist soweit.
Je n'y suis pour rien.	Es ist nicht meine Schuld.
Je n'y peux rien.	Ich kann nichts dafür.

REPROCHES

■ Que manque-t-il aux dames pour être heureuses ? 51 % d'entre elles reprochent à l'élu de ne pas être assez romantique; 43 % lui reprochent de ne pas leur accorder suffisamment de temps ; 22 % lui reprochent de manquer d'humour ; 10 % de manquer de caractère et 7 % souhaiteraient faire l'amour un peu plus souvent.

D-4 Trouvez
la bonne réponse?

1. Pourquoi tu fais la tête?
2. Laisse-moi tranquille!
3. Tu n'as jamais le temps.
4. Tu peux repasser mes chemises?
5. Je ne vais pas bien.
6. Tu as téléphoné à la banque?
7. Tu as envie d'aller au ciné?
8. Tu arrives, enfin?

a. D'accord, on y va.
b. Ça y est, je suis prêt.
c. D'accord, je m'en vais.
d. Oui, j'y ai pensé.
e. J'en ai ras le bol.
f. Il n'en est pas question.
g. Je n'y peux rien.
h. Ah bon, qu'est-ce qu'il y a?

COMMENT LUI
PLAIRE
ET LE GARDER

LA DISPUTE   159

THÉORIE

E. Les doubles pronoms personnels

Zweifache Personalpronomen

Je ne **te le** fais pas dire.	Du sagst es selber.
Je **t'en** prie.	Ich bitte dich.
Tu ne **m'en** avais pas encore parlé.	Du hattest mir noch nicht von ihm erzählt.
Je ne **le lui** ai pas donné.	Ich habe es ihm nicht gegeben.

Die Reihenfolge der Personalpronomen

Subjekt	me	le	lui	y	+ Verb
	te	la	leur	en	
	nous	les			
	vous				

Die zwei Personalpronomen stehen vor dem konjugierten Verb in dieser Reihenfolge:
1. me, te, se, nous, vous **vor**
2. le, la, les **vor**
3. lui,leur **vor**
4. y,en.

Attention!

Bei den Hilfsverben aller, pouvoir, vouloir, devoir werden alle Pronomen direkt vor das Verb gestellt, auf das sie sich beziehen.

Tu vas **me le** payer.
Tu peux **le lui** demander.
Tu peux **me le** dire.

Ausnahme :
- aller
- pouvoir
- vouloir
- devoir

E-1 Répondez aux questions et utilisez les pronoms personnels!

N'oubliez pas y et en!

1. Il t'a dit *son nom*?

Oui, il me l'a dit.
Non, il ne me l'a pas dit.

2. Tu m'achètes *du parfum*?

....

3. Tu peux me donner *de l'argent*?

....

4. Elle s'intéresse *au théâtre*?

....

5. Tu lui as donné *ton numéro de téléphone*?

....

6. Elle lui a parlé *de Jean-Charles*?

....

7. Tu te souviens *du numéro de téléphone*?

....

8. Il lui fait *des scènes*?

....

9. Il s'imagine *qu'elle le trompe*?

....

10. Jean-Charles nous a donné *son numéro*?

....

11. Tu lui as dit *de rappeler*?

....

12. Il veut nous parler *de cette histoire*?

....

13. Tu vas m'acheter *le journal*?

....

F. Le subjonctif présent

Je déteste **que tu me fasses** la tête.
Ich hasse es, wenn du so ein Gesicht machst.

Il faut **que nous achetions du café**.
Wir müssen Kaffee kaufen.

Alors tu veux **que je passe** mes journées à la maison, **que je repasse** tes chemises, **que je fasse** la cuisine et **que je sois** en prime tendre et câline.
Du willst also, daß ich den ganzen Tag zu Hause bleibe, daß ich deine Hemden bügle, daß ich koche und daß ich noch dazu zärtlich und verschmust bin.

Je ne supporte pas **que tu me prennes** pour un con.
Ich ertrage es nicht, daß du mich für dumm verkaufst.

Der Subjonctif ist ein Modus, der keine Entsprechung im Deutschen hat. Der Subjonctif steht nach bestimmten Verben oder Ausdrücken, die persönliche Meinungen, Wünsche, Zweifel und Gefühle ausdrücken. Er wird mit **que** eingeleitet **und** darf nicht mit dem deutschen Konjunktiv verwechselt werden.

Für alle regelmäßigen Verben auf -er sind die **1.,2.,3.** Person Singular und die 3.Person Plural mit denen des Präsens identisch. Die 1. und 2. Person Plural sind identisch mit denen des Imperfekts.

Formen

Il faut que je travaille
Il faut que tu travailles
Il faut qu'elle/il travaille
Il faut que nous travaillions
Il faut que vous travailliez
Il faut qu'elles/ils travaillent

F-1 Attention au stress!

Racontez tout ce que vous devez faire!
(Théorie à la page 164)

1. Il faut que je ...*fasse*.... les courses. (faire)

2. Il faut que j' .... du pain. (acheter)

3. Il faut que je .... la cuisine. (faire)

4. Il faut que je .... son numéro de
   téléphone sur le Minitel. (chercher)

5. Il faut que je .... ma mère. (rappeler)

6. Il faut que je .... les chemises. (repasser)

7. Il faut que je .... le journal. (lire)

8. Il faut que je .... les factures. (payer)

9. Il faut que j' .... une lettre. (écrire)

10. Il faut que j' .... le temps de tout
    faire (avoir) et que je .... de bonne
    humeur. (être)

F-2 Dites ce que vous ne voulez pas.

1. Je ne veux pas que tu .... la tête. (faire)

2. Je ne veux pas que tu .... le sport à la télé tous les week-ends.
   (regarder)

3. Je ne veux pas que tu .... le journal à table. (lire)

4. Je ne veux pas que tu .... le soir sans moi. (sortir)

5. Je ne veux pas que nous ....la soirée devant la télé. (passer)

6. Je ne veux pas que nous .... du boulot à la maison. (parler)

7. Je ne veux pas que tu .... ce qui te plaît. (faire)

8. Je ne veux pas que tu me .... des scènes. (faire)

THÉORIE

attendre/prendre

ils **attend**ent

que j'attend**e**
que tu attend**es**
qu'il/elle attend**e**
que nous **attendions**
que vous **attendiez**
qu'ils/elles attend**ent**

ils **prenn**ent

que je prenn**e**
que tu prenn**es**
qu'il/elle prenn**e**
que nous **prenions**
que vous **preniez**
qu'ils/elles prenn**ent**

Wie wird der Subjonctif gebildet?

Person	Form
1.-3. Person Singular	= Stammform des Präsens Indikativ3. Person Plural + -e,-es,-e
3. Plural	= 3. Plural des Präsens Indikativ
1.+ 2. Person Plural	= Imperfekt

Encore et toujours des exceptions!

Avoir	Etre	Faire
que j'**aie**	que je **sois**	que je **fasse**
que tu **aies**	que tu **sois**	que tu **fasses**
qu'il **ait**	qu'il **soit**	qu'il **fasse**
que nous **ayons**	que nous **soyons**	que nous **fassions**
que vous **ayez**	que vous **soyez**	que vous **fassiez**
qu'ils **aient**	qu'ils **soient**	qu'ils **fassent**

Hinweis: Im Anhang sind die wichtigsten unregelmäßigen Formen des Subjonctiv aufgeführt.

PRATIQUE

F-3 Et dites ce que vous voulez!

1. Je veux que tu m'...*écoutes*................ quand je parle. (écouter)

2. Je voudrais que tu .... plus tendre. (être)

3. Je veux que tu me .... ce qui ne va pas. (dire)

4. Je voudrais que nous .... les courses ensemble. (faire)

5. Je voudrais que tu .... plus de temps pour moi. (avoir)

6. Je voudrais que tu m'............................. des fleurs. (acheter)

7. Je voudrais que nous .... la soirée à la maison. (passer)

Note culturelle

Das Minitel, das französische Btx-System, ist in Frankreich sehr verbreitet und gehört zum Alltag. Inzwischen verfügen 9 Millionen Haushalte über einen Minitel. Wie beim Telefonapparat bezahlt man monatlich eine Gebühr und die Einheiten, aber der Apparat selbst wird gratis zur Verfügung gestellt. Das Minitel ermöglicht leicht und schnell, Informationen aller Art zu bekommen. Über 150 Dienstleistungen werden angeboten. Das System reicht von Auskünften über Telefonnummern, Fahrpläne, Streiks und Börse bis hin zu Reservierungen, Bestellungen und Kleinanzeigen. Im Gegensatz zum deutschen Btx ist das Minitel-System anerkannt und unumstritten.

F-4 Vous avez rencontré une fée. Vous pouvez exprimer trois souhaits.

Sie haben eine gute Fee getroffen. Sie haben drei Wünsche frei.

1. Je voudrais que ...
2. J'aimerais que ...
3. Je veux que ...

LA DISPUTE

THÉORIE

G. Bedingungssatz mit «si»

Avec des «si» on mettrait Paris en bouteille.
Wenn das Wörtchen «wenn» nicht wäre ...

Das Wort «si» eröffnet eine Fülle von Träumen und
Möglichkeiten: reale, irreale und unerfüllte.

1. Si = reale Möglichkeit

Si je t'ai fait quelque chose, tu peux me le dire.
*Wenn ich dir was getan habe, dann kannst du es
mir sagen.*

Si tu me menaces, je me casse.
Wenn du mich bedrohst, haue ich ab.

si	+	Präsens/Perfekt	Hauptsatz + Präsens/Futur
Si		tu veux,	je te fais un café.
Si		tu veux,	nous irons au théâtre.
Si		tu m'as trompé,	dis-le-moi.

2. Si = bloße Annahme für die Gegenwart oder die Zukunft

Si tu voulais, tu pourrais y arriver.
Wenn du wolltest, könntest du es schaffen.

si	+	Imperfekt	Hauptsatz + Konditional 1
Si		tu voulais,	je te ferais un café.
Si		je te trompais,	je te le dirais.

G-1 Nous pourrions faire beaucoup de choses, si ...

1. Si je .....*peux*....., je te téléphone. (pouvoir)

2. Si ta réunion .... finie, je viens te chercher. (être)

3. Si tu ...., nous ferons les courses ensemble. (avoir le temps)

4. Si tu .... tôt, nous passerons la soirée ensemble. (rentrer)

5. Si tu ...., nous regarderons la télé. (avoir envie)

6. Si tu ...., nous irons au cinéma. (préférer)

G-2 Ce serait si bien , si ...

1. Je n'ai pas d'argent, mais si j'.....*avais*..... de l'argent, je .*partirais*. en voyage (avoir, partir).

2. Je n'ai pas le temps, mais si j'.................. le temps, je .... tous les jours les courses (avoir, faire).

3. Tu travailles trop, si tu .... moins, nous .... aller au théâtre ensemble (travailler, pouvoir).

4. Tu ne m'écoutes jamais, si tu m'...................., tu .... ce que je t'ai dit (écouter, se rappeler).

3. Si = unerfüllte Möglichkeit auf die Vergangenheit bezogen

Si je n'avais pas travaillé, comment aurait-on pu payer l'appartement?
Wenn ich nicht gearbeitet hätte, wie hätten wir die Wohnung bezahlen können?

Si tu n'avais pas téléphoné aussi longtemps, tu aurais eu le temps.
Wenn du nicht so lange telefoniert hättest, hättest du Zeit gehabt.

si	+	Plusquamperfekt	Hauptsatz + Konditional 2
Si		tu avais voulu,	je t'aurais fait un café.
Si		j'avais su,	je ne l'aurais pas fait.

Hinweis
Si = wenn im Sinne von **falls**, nie im Sinne von **wann** oder **als**.

Si je peux ...	Wenn (=falls) ich kann ...
Si je le faisais ...	Wenn (=falls) ich das tun würde ...

Les fautes allemandes

Wenn ich das tun würde ...
Übersetzt man aus dem Deutschen wörtlich, dann tut es den Ohren der Franzosen weh. Si-Sätze dürfen nie Futur oder Conditionnel haben.

Note culturelle

Die Franzosen mögen alles, was modern und praktisch ist. Nicht nur das **Minitel**, *sondern zum Beispiel auch Kreditkarten =* **carte de crédit**. *Überall kann man mit der Kreditkarte bezahlen, in Geschäften, an Tankstellen, im Supermarkt und auch an der Autobahnstation =* **péage**. *In jeder Kleinstadt kann man Geld am Automaten =* **distributeur de billets** *ziehen. Einige nehmen auch Euroscheckkarten.*

G-3 C'est si bon de rêver!

Träumen kann so schön sein!
Répondez avec le conditionnel présent!
Arrêter de travailler, partir en voyage, donner de l'argent à Sœur Teresa …
Que feriez-vous …

1. si vous gagniez un million de francs au Toto?

....

....

....

2. si vous étiez le président de la République?

3. si vous étiez Français/e?

4. si vous étiez une personne très connue?

5. si vous pouviez recommencer à zéro?

G-4 Le temps des regrets

Qu'auriez-vous fait, si...?
Complétez les phrases avec le conditionnel passé.

1. Si j'avais su, …

2. Si j'avais pu, …

3. Si j'avais voulu …

4. Si j'avais eu …

5. Si j'avais été …

G-5 Si j'étais …

Qu'est-ce que vous seriez, si vous étiez *une fleur?*

..Si j'étais une fleur,........................

....je serais une rose.........................

1. une voiture **2.** un travail **3.** un animal **4.** une maison **5.** un dessert **6.** une chanson **7.** un livre **8.** une lettre

H. Savez-vous faire un reproche?

Können Sie Vorwürfe machen?

Tu **aurais pu** y penser. *Du hättest daran denken können.*

Tu **n'aurais pas dû** me le dire. *Du hättest es mir nicht sagen sollen.*

Was möglich gewesen wäre, aber nicht getan wurde, wird im **conditionnel passé** ausgedrückt. **Attention**: Bei Verben, die im passé composé mit «être» konjugiert werden, benutzt man auch im conditionnel passé das Verb «être».

I. Le plan d'une dispute

Les amorces classiques – Die klassischen Auslöser

Qu'est-ce qu'il y a?	Was ist los?
Pourquoi tu fais la tête?	Warum machst du so ein Gesicht?
Tu es de mauvaise humeur?	Hast du schlechte Laune?
Tu as encore oublié de faire les courses/de ranger la cuisine.	Du hast schon wieder vergessen, einzukaufen/die Küche aufzuräumen.
Où tu as encore mis ma chemise, le dentifrice.	Wo hast du schon wieder mein Hemd/die Zahnpasta hingetan.
Qu'est-ce que c'est que cette lettre, ce parfum?	Was ist denn das für ein Brief, ein Parfüm, usw.

PRATIQUE

H-1 Faites des reproches:

1. Tu n'as pas téléphoné, *tu aurais pu téléphoner.*

2. Tu n'as pas fait les courses, tu ....
....

3. Tu ne me l'as pas dit, tu ....
....

4. Tu ne m'as pas attendu, tu....................
....

5. Tu n'as pas acheté de filtres à café, ...
....

6. Tu ne m'as pas averti, tu....................
....

7. Tu n'as pas repassé mes chemises, tu ....
....

8. Tu n'as pas rappelé, tu....................
....

H-2 Et encore des reproches

1. Pourquoi tu me l'as dit, *tu n'aurais pas dû me le dire*
....

2. Pourquoi tu es parti, tu ....

3. Pourquoi il a téléphoné, il ....
....

4. Pourquoi tu m'as trompé, tu ....
....

5. Pourquoi tu es allé à cette fête, tu ....
....

6. Pourquoi tu as donné ton numéro de téléphone, tu
....

7. Pourquoi tu as détourné la conversation, tu ....
....

8. Pourquoi tu m'as menacé, tu ....
....

9. Pourquoi as-tu commencé, tu....................
....

I-1 Choissisez un sujet et disputez-vous!

A: Tu as encore …
B: Je n'ai pas pu …
A: Alors, tu aurais dû …
B: Comme d'habitude, tu …
A: T'as qu'à …
B: Si je …, tu …
A: Tu … à la fin.
B: Pauvre …
A: J'en ai marre, je …
B: C'est ça, …

Vous pouvez choisir différents sujets de dispute: le travail, le ménage, les sorties, l'argent, la jalousie, les enfants, les vacances, les amis, les soirées.

THÉORIE

Se défendre – Sich wehren

Laisse-moi tranquille!	Laß mich in Ruhe!
Fiche-moi la paix! ◊	Laß mich in Ruhe!
Fous-moi la paix! ⟨!⟩	Laß mich in Ruhe!
Tu m'énerves.	Du nervst mich.
Tu m'agaces.	Du nervst mich.
Tu exagères.	Du übertreibst.
J'en ai marre. ◊	Ich habe es satt.
J'en ai ras le bol. ◊	Ich habe die Nase voll.
Ça suffit comme ça.	Es reicht jetzt.
Tu déconnes tout à fait.◊	Du spinnst wohl.
Tais-toi!	Sei still!
Ferme-la! ◊	Sei still!
Ta gueule! ⟨!⟩	Halt's Maul!
T'es fou/folle.	Du bist verrückt.
Ça va pas, la tête? ◊	Hast du sie noch alle?

La rupture – Der Bruch

Je m'en vais.	Ich gehe.
Je me tire. ◊	Ich haue ab.
Je me casse. ◊	Ich haue ab.
Va-t-en!	Geh weg!
Tire-toi!	Geh weg!
Casse-toi!	Hau ab!
Fiche le camp! ◊	Hau ab!
Fous le camp! ⟨!⟩	Hau ab!
Va te faire foutre! ⟨!⟩	Hau ab!

Les insultes – Die Schimpfwörter

Und wenn die Argumente ausgehen, kann man mit Schimpfwörtern den Streit weiterführen.

mufle	Lümmel
râleur/râleuse	Nörgler/in
idiot,-e)	Idiot/in
débile	Blödmann
salaud/salope ⟨!⟩	Drecksau, Schlampe
macho	Chauvi
con ⟨!⟩	Arschloch
conne ⟨!⟩	Arschloch
monstre	Monster
minable	Null

Remarque:
Die Schimpfwörter können mit Adjektiven wie **pauvre, sale, petit** und/oder **espèce de** gewürzt und potenziert werden.

débile
pauvre débile
espèce de pauvre débile
con
petit con
pauvre petit con

I-2 Test: Savez-vous garder votre calme?

Que dites-vous dans les situations suivantes?

1. Votre ami/e arrive à un rendez-vous avec une heure de retard:
   a. Tu devrais t'acheter une voiture plus rapide.
   b. Tu exagères vraiment.
   c. J'ai enfin eu le temps de lire le journal.

2. Une personne vous marche sur le pied:
   a. Mon pied vous gêne?
   b. Faites attention, espèce d'idiot!
   c. Ce n'est pas grave.

3. Un clochard vous demande de l'argent dans la rue:
   a. Vous préférez le vin rouge ou le vin blanc?
   b. Vous n'avez qu'à travailler, comme tout le monde.
   c. Cent francs, ça vous suffit?

4. Un(e) ami(e) vous téléphone au milieu de la nuit pour bavarder:
   a. Pour ton anniversaire, je t'achèterai une montre.
   b. Tu sais l'heure qu'il est? Tu déconnes ou quoi?
   c. Ça me fait toujours plaisir de t'entendre.

5. Votre partenaire rentre tard dans la nuit et sent un parfum inconnu.
   a. Ça sent bon, dis-moi la marque, je te l'offrirai pour Noël.
   b. Fous le camp ou je te tue.
   c. Fais ce qu'il te plaît, tu es libre.

6. Votre partenaire fait la tête au petit déjeuner.
   a. Je t'aime bien quand tu es calme.
   b. J'en ai marre de voir ta sale gueule.
   c. Mon pauvre petit chéri, ça ne va pas?

7. Votre partenaire a encore oublié de faire les courses.
   a. C'est bon pour ma ligne.
   b. Tu me prends vraiment pour un/e idiot/e.
   c. J'aurais vraiment pu les faire.

8. Un/e collègue vient de critiquer votre nouvelle coiffure.
   a. Demain, je mettrai une perruque.
   b. Et vous, vous vous êtes regardé, espèce de minable?
   c. Je regrette que ça ne vous plaise pas.

9. Vous trouvez un/e ami/e en train de lire vos lettres d'amour.
   a. Fais comme chez toi!
   b. Ça va pas, la tête?
   c. Elles te plaisent?

LA DISPUTE

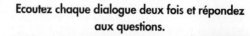

ÉCOUTEZ

Ecoutez chaque dialogue deux fois et répondez aux questions.

Vrai (v) ou faux (f)	v	f
Dialogue 1: Entre copines		
1. Annie n'a pas téléphoné depuis 4 semaines.	☐	☐
2. Julien n'aide pas Annie à la maison.	☐	☐
3. Julien fait des scènes de ménage.	☐	☐
4. Julien est jaloux.	☐	☐
5. Annie trompe Julien.	☐	☐
Dialogue 2: Entre collègues		
1. Il y a une réunion à 6 heures.	☐	☐
2. Annie fait les courses ce soir.	☐	☐
3. Annie fait un stage.	☐	☐
4. Julien a envie d'aller à la réunion.	☐	☐
5. Julien a rendez-vous.	☐	☐

Prononciation

Mettez la cassette, appuyez sur le bouton, écoutez, notez bien que «e» devant deux «m» se prononce comme un «a» et répétez chaque mot.
Les mots avec «emm»:

la femme – évident– évidemment – indifférent – indifféremment – fréquent – fréquemment – brillant – brillamment

Les mots avec «eil», «ail», «ille», «eille», «aille»:

soleil, travail, famille, fille, billet, gentille, meilleur, merveilleux, vieille, bouteille, travailler, retrouvailles, verrouillage

Les exceptions:
ville, tranquille, mille

Ecoutez les expressions et répétez.
laissez-moi tranquille – fichez-moi la paix – vous m'énervez – tu m'énerves – vous m'agacez – tu m'agaces – j'en ai marre – j'en ai ras le bol – ça suffit comme ça – taisez-vous – tais-toi – ça va pas, la tête

Mini-dialogues

A. Je n'ai pas **d'argent**.
B. Tu n'as qu'à **en demander à quelqu'un**.

1. d'amis/sortir plus souvent
2. de pain/ en acheter
3. le temps/ mieux t'organiser
4. de voiture/prendre le métro
5. envie de sortir/ regarder la télévision
6. son numéro de téléphone/ regarder sur le minitel
7. robe à me mettre/ mettre un pantalon
8. de stylo/ prendre un crayon
9. de boulot/ regarder les petites annonces

A. Q'est-ce que c'est que **cette lettre?**
B. Je te l'ai dit, c'est **une invitation**.

1. ce parfum/ un cadeau
2. ce rendez-vous/ une vieille copine
3. cette réunion/ à propos du travail
4. cette histoire de stage/ un stage de formation
5. ces fleurs/ d'une collègue
6. cet abonnement/ un abonnement de théâtre

PARLEZ

Maxi-dialogues

A est un vrai macho. Il ne fait rien du tout à la maison. **B**, sa femme, en a ras le bol. **B** aimerait retravailler maintenant que les enfants vont à l'école. **A**, son mari, est contre.
A et **B** sont au restaurant. Le poisson n'est pas frais. Il appellent le garçon **C**.

LES PATRONS ET LES SCENES DE MENAGE

Les problèmes de couple agacent les patrons. Ils veulent des employés performants qui ont une vie de couple tranquille. C'est ce que nous apprend le résultat d'un sondage.

Tout est bon pour commencer une scène de ménage: il ne gagne pas assez, elle achète trop de robes, il n'aide jamais à la maison, il ne range jamais ses affaires, les enfants font trop de bruit, il a toujours des réunions le soir, il est jaloux, elle veut aller en vacances à la campagne et lui à la mer, il veut regarder le foot à la télé et elle un film.

Les scènes de ménage sont normales dans la vie d'un couple. 50 % des hommes et femmes qui vivent ensemble se disputent au moins une fois par mois. Ça commence par des reproches, puis ça continue par des injures, des mots qui font mal et ça finit par une séparation ou un divorce. Heureusement, on se calme avec l'âge.

Tout le monde a le droit d'avoir sa vie privée. Mais les patrons se sont rendu compte que les disputes et les séparations coûtent cher à la boîte. On travaille moins. On téléphone du bureau aux copines et copains pour raconter ses problèmes. On en parle aux collègues qui donnent de bons conseils pendant des heures et on ne pense plus au travail. Et puis, s'il y a séparation, on est souvent absent du bureau

le résultat
Ergebnis
jaloux, -ouse
eifersüchtig
la campagne
das Land (im
Gegensatz zu Stadt)
au moins
mindestens
l'injure (f)
Beleidigung
mal
weh
finir par ...
am Ende ... tun
la séparation
Trennung
le divorce
Scheidung
privé, -e
privat
absent
abwesend

parce qu'il faut absolument aller chez l'avocat, au tribunal, chercher un nouvel appartement.

Pour trouver du boulot, il vaut mieux que vous ayez une vie de couple sans problème. En effet, les patrons préfèrent les employés sans histoire. Alors, pour réussir votre mariage, voilà quelques conseils: il faut que vous écoutiez votre partenaire quand il vous raconte la vie au bureau, que vous soyez fidèle, que vous ayez les mêmes idées et les mêmes intérêts, que vous soyez du même milieu, que vous partagiez le travail à la maison, que vous ayez les mêmes amis, que vous soyez toujours tendre.

Pour plaire à votre patron, ayez une vie de famille tranquille. Et si vous voulez garder votre travail, évitez les scènes de ménage ou alors changez de partenaire!

l'avocat (m)
Rechtsanwalt
le tribunal
Gericht
il vaut mieux
es ist besser
le conseil
Ratschlag
le, la partenaire
Partner, -in
fidèle
treu
l'intérêt (m)
Interesse
l'ami, -e
Freund, -in
changer
wechseln

Compris?

Vrai (v) ou faux (f)?

	v	f
1. Les patrons n'aiment pas que leurs employés aient des problèmes de couple.	☐	☐
2. Les couples se disputent seulement à propos du travail à la maison et de la télé.	☐	☐
3. Une dispute par semaine, c'est normal.	☐	☐
4. Les disputes de famille coûtent cher aux patrons.	☐	☐
5. Les patrons préfèrent les employés sans problème de famille.	☐	☐
6. Il faut éviter les disputes pour garder son travail.	☐	☐

A vous!

1. Comment vous vous disputez?
2. Est-ce qu'on peut vivre ensemble sans scènes de ménage?
3. Vous changeriez de partenaire pour garder votre travail?

LA DISPUTE

TEST 2

1. Compréhension orale

Vous écoutez des phrases. Choisissez la bonne réponse.

1. ...
   a. Non, c'est direct.
   b. Ça se voit?
   c. Je préfère les cheveux courts.

2. ...
   a. Moi, je joue au tennis.
   b. Ils ne gagnent pas assez d'argent.
   c. C'est à cause de l'entraîneur!

3. ...
   a. Je n'ai pas de meubles.
   b. C'est vrai, il est maintenant directeur.
   c. Oui, il joue très bien au golf.

4. ...
   a. Non, je commence à travailler demain.
   b. Vous en voulez combien de litres?
   c. Oui, je connais un deux pièces - cuisine.

5. ...
   a. Oui, c'est une bicyclette.
   b. Je ne sais pas conduire.
   c. Oui, c'est la nouvelle Clio.

6. ...
   a. Je le fais tout de suite.
   b. J'ai une réunion à dix heures.
   c. J'ai oublié d'acheter le café.

7. ...
   a. Tu ne m'écoutes jamais.
   b. Je déteste le théâtre.
   c. D'accord, il y a un bon film à l'Elysée.

8. ...
   a. Tu ne m'en as pas parlé.
   b. Regarde sur le Minitel.
   c. Tu n'as jamais le temps.

9. ...
   a. C'est une copine.
   b. Il travaille dans ma boîte.
   c. J'ai passé la journée à la maison.

2. Trouvez la bonne solution

1. Tu me donnes ton adresse?
   a. Oui, je la lui donne.
   b. Oui, il te la donne.
   c. Oui, je te la donne.

2. T'as pensé à acheter du Champagne?
   a. Oui, on va à la campagne.
   b. Mais bien sûr, j'y ai pensé.
   c. Oui, j'en reviens.

3. Annie a parlé de cette histoire à Julien?
   a. Elle lui en a parlé.
   b. Elle nous en a parlé.
   c. Il lui en a parlé.

4. Le patron nous a demandé de venir?
   a. Oui, il me l'a demandé.
   b. Oui, il nous en a demandé.
   c. Oui, il nous l'a demandé.

5. Tu me rends mon journal?
   a. Oui, je te la rends.
   b. Oui, je te le rends.
   c. Oui, je te les rends.

6. Tu vas souvent au cinéma?
   a. Non, je n'y vais jamais.
   b. Oui, j'en mange tous les jours.
   c. Oui, nous la regardons souvent.

3. Y ou en?

Mettez le bon mot.

1. Je connais bien Paris, j' .... suis allé souvent.
2. Tu le connais, je t' .... ai parlé.
3. Il faut acheter du pain, nous n' .... avons plus.
4. Annie ne vient pas avec nous, elle n' .... a pas envie.
5. Nous l'avons rencontré à une soirée, tu t' .... souviens?
6. Julien était à une réunion, Jean-Charles .... était aussi.
7. Il faudrait que je m'organise, mais je n' .... arrive pas.

4. Le subjonctif

Mettez les verbes comme il faut.

Annie est allée au théâtre avec une amie.
Elle a laissé un petit mot à son mari.

1. Il faut que les enfants ....
à 7 heures. (manger) 2. Il faut qu'ils ....
au lit à 9 heures. (être) 3. J'aimerais que vous me
.... un peu de mousse
au chocolat. (laisser) 4. Je ne veux pas que les
enfants ....la télé
trop longtemps. (regarder) 5. il faudrait que tu
....ta mère. (rappeler)
6. Il faut que quelqu'un ....
le chien. (sortir) 7. Je voudrais que vous ....
.... la vaisselle. (faire)

5. Petits messages

**Tout d'abord lisez les phrases, ensuite écoutez,
puis indiquez la phrase juste.**

1. **a.** Thierry doit téléphoner au garage.
   b. Il travaille dans un garage.
   c. Il veut prendre de l'essence.

2. **a.** Il a mis une annonce dans le journal pour
      trouver un travail.
   b. Les factures de pub sont à payer.
   c. Il veut faire une nouvelle publicité pour son
      entreprise.

3. **a.** Thierry revient de vacances.
   b. Il a déjà pris ses vacances pour toute l'année.
   c. On lui demande de donner les dates de ses
      vacances.

6. Choisissez la bonne solution

1. C'est la voiture ... je préfère.

    a. que
    b. où
    c. dont

2. C'est le joueur de foot ... vient du Sénégal.

    a. dont
    b. qui
    c. si

3. Le film ... je te parle est déjà très vieux.

    a. avec
    b. dont
    c. que

4. Georges demande ... tu peux lui trouver un boulot?

    a. pour
    b. qui
    c. si

5. J'aimerais retrouver les photos ... je t'ai parlé.

    a. comme
    b. dont
    c. qui

6. C'est une femme ... a vraiment fait une belle carrière.

    a. que
    b. où
    c. qui

7. J'aimerais savoir ... vous vous appelez.

    a. comme
    b. comment
    c. que

8. Les CD ... sont sur la table, sont complètement nuls.

    a. dont
    b. quand
    c. qui

9. Je voudrais savoir ... il vient demain.

   a. si
   b. qui
   c. comment

10. La seule chose ... fait marcher le monde, c'est l'argent!

   a. que
   b. comme
   c. qui

11. Je me demande ... vous habitez en Allemagne.

   a. où
   b. qui
   c. dont

12. Georges demande ... nous pouvons venir dîner ce soir.

   a. comme
   b. dont
   c. si

13. Tu peux avoir le livre ... je lis.

   a. si
   b. comme
   c. que

14. Marie-Christine demande ... va ton travail au bureau.

   a. si
   b. comment
   c. que

7. Mettez au discours indirect

1. Véronique m'a dit: «Je ne parle plus à Paul depuis trois jours.»

....

2. Mon chef me dit toujours: «Vous ne ferez jamais carrière avec votre

caractère.»

....

3. Catherine pense que: «Avec Xavier, c'est toujours la même chose.»

....

4. Les enfants nous ont dit : «Le film est super bien.»

....

8. Ecoutez ce que Arnaud écrit à Nathalie
Ecrivez les mots qui manquent.

1. Chère Nathalie, Merci pour la .... de l'autre jour.

2. J'étais tellement... te revoir.

3. Je veux absolument aller .... avec toi.

4. J'ai quelque chose de très important ....

5. Donc, je t'attends mardi soir vers huit heures au ....

6. C'est toi qui .... le restaurant, je t'invite.

7. Grosses bises, Arnaud. P.S. Emmanuelle est........................ en voyage.

THÈME 5

A LA RECHERCHE D'UN TRAVAIL

Il ne faut jamais désespérer

Christiane Dis donc Bernard, tu ne m'as pas l'air en forme. Qu'est-ce qui se passe?

Bernard Tu plaisantes ou quoi? Je n'ai pas de travail, ni de fric, même pas une nana pour me consoler. J'en ai marre d'être au chômage. Tu les as vus dans le métro, les chômeurs? Eh bien, moi aussi, je vais finir par faire la manche.

Christiane Ne t'en fais pas. Tu es jeune, ça va s'arranger.

Bernard Tu parles comme quelqu'un qui a un boulot super bien payé. Toi, Christiane, c'est normal que tu ailles bien. Mais moi, que veux-tu que je fasse? C'est toujours la même chose. Comme je n'ai pas de travail, je n'ai pas d'argent pour payer un appartement. Je dors chez l'un ou chez l'autre. J'en ai ras le bol. Et puis, les patrons ne t'embauchent pas si tu n'as pas d'adresse.

Christiane Arrête de raconter des conneries et écoute bien. Je propose que tu donnes mon adresse. Ça ne pose aucun problème.

Bernard C'est gentil de ta part.

Christiane Les copains, c'est fait pour ça.

Changer de vie

Christiane Alors Bernard, tu as trouvé du boulot?

Bernard Toujours rien. C'est l'angoisse. Je ne supporte plus la ville. Le bruit et l'air pollué me rendent malade. Prendre le métro me panique. J'ai envie de tout plaquer.

Christiane Tu ne vas quand même pas tomber dans la déprime. Qu'est-ce qui t'intéresse?

Bernard La plongée sous-marine.

Christiane Ah, je vois. Mais pour trouver du travail, il vaudrait mieux que tu t'investisses dans autre chose.

Bernard J'aimerais habiter à la campagne.

Christiane A propos campagne, ça me rappelle une offre d'emploi que j'ai lue dans le journal. Téléphone, on ne sait jamais.

Entretien d'embauche

Le patron J'ai lu votre CV. Vous avez donc 25 ans. Après le bac, vous avez commencé des études de biologie que vous n'avez même pas terminées. Vous n'avez donc ni diplômes ni expérience professionnelle. C'est peu.

Bernard J'ai fait différents petits boulots.

Le patron Je vois. Il est indispensable que vous aimiez la nature et que vous sachiez bricoler. D'après votre lettre, c'est le cas.

Bernard Tout à fait.

Le patron Vous n'êtes pas marié, c'est très bien, il faut que vous soyez très disponible, même le week-end. Etes-vous fumeur?

Bernard Non.

Le patron Ahh, c'est parfait. L'odeur des cigarettes me dérange. Vous avez certainement votre permis de conduire?

Bernard Non.

Le patron C'est très dommage. Pour ce travail, il est nécessaire que vous ayez le permis. Je regrette infiniment, mais vous ne correspondez pas à ce que je cherche. Au revoir, Monsieur.

A LA RECHERCHE D'UN TRAVAIL

A l'ANPE

L'employée Voyons votre dossier. Sans qualification, il est peu probable que nous
puissions vous trouver un emploi stable. Je ne
peux pas vous proposer grand-chose, à part
un stage de formation. Est-ce que vous aimez
la nature?

Bernard Oui, c'est pour cette raison que j'avais
commencé des études de biologie. En plus,
j'ai milité dans des associations écologistes.

L'employée Il n'est pas impossible que les
problèmes d'environnement créent de nouveaux emplois. Vous pourriez préparer un
CAP d'agent de la qualité de l'eau dans le
cadre du CFI.

Bernard J'accepte.

L'employée Alors veuillez remplir ces papiers.

Quelque part sur la
côte méditerranéenne

Christiane Bernard! Mais c'est pas vrai.

Bernard Oh bonjour, Christiane.

Christiane Ça fait longtemps que je n'ai pas eu de tes nouvelles. Qu'est-ce que tu deviens? Tu es en vacances?

Bernard Mais non, figure-toi que je bosse ici, comme éboueur de la mer.

Christiane Qu'est-ce que c'est que ça?

Bernard Une nouvelle profession. Je travaille dans une PME créée par des jeunes qui ont trouvé le créneau. On nettoie la côte, les ports de plaisance, on enlève les déchets que les gens jettent sur les plages. On a des contrats avec des communes du littoral.

Christiane Je suis très contente que tu aies enfin trouvé un boulot.

Bernard Et puis, tu sais, ils m'ont pris parce que j'étais un passionné de la plongée sous-marine.

A LA RECHERCHE D'UN TRAVAIL

REPONDEZ

A.
Vrai (v) ou faux (f)?
Une question par dialogue

1. Bernard n'est pas dans un très bon moment de sa vie. ☐ ☐
2. Christiane ne veut pas écouter les histoires de Bernard. ☐ ☐
3. Bernard a de la chance, il trouve un travail. ☐ ☐
4. Bernard a un grand avenir devant lui. ☐ ☐
5. Bernard a trouvé un travail au bord de la mer. ☐ ☐

B.
Vrai (v) ou faux (f)?

| | v | f |

1. Il ne faut pas désespérer
a. Bernard est au chômage. ☐ ☐
b. Pour trouver du travail, il faut avoir une adresse. ☐ ☐
c. Bernard dort chez des copains. ☐ ☐

2. Changer de vie
a. Bernard a trouvé du travail. ☐ ☐
b. Bernard s'intéresse à la plongée sous-marine. ☐ ☐
c. Bernard aimerait habiter à la campagne. ☐ ☐

3. Entretien d'embauche
a. Bernard a fini ses études de biologie. ☐ ☐
b. Bernard a de l'expérience professionnelle. ☐ ☐
c. Bernard a son permis de conduire. ☐ ☐

4. A l'ANPE
a. Bernard n'a pas de qualification. ☐ ☐
b. Les problèmes d'environnement créent de nouveaux emplois. ☐ ☐
c. Bernard accepte de faire un stage de formation. ☐ ☐

5. Quelque part sur la côte méditerranéenne
a. Bernard est en vacances. ☐ ☐
b. Il nettoie les plages. ☐ ☐
c. Il a trouvé du travail parce qu'il aime la plongée sous-marine. ☐ ☐

A LA RECHERCHE D'UN TRAVAIL
AUF DER SUCHE NACH EINER ARBEIT

Il ne faut jamais désespérer
Man darf nie verzweifeln

désespérer
verzweifeln
ni ... ni
weder ... noch
le fric ◊
Geld, Kohle
même pas
nicht mal
consoler
trösten
j'en ai marre ◊
ich habe die Schnauze voll
le chômage
Arbeitslosigkeit
être au chômage
arbeitslos sein
le chômeur
Arbeitsloser

faire la manche
betteln
s'en faire ◊
sich Sorgen machen
embaucher
einstellen
la connerie ◊
Blödsinn
proposer
vorschlagen
de ta part
von dir
l'air (m)
Luft
pollué
verschmutzt
rendre malade
krank machen
paniquer
in Panik geraten
quand même
doch
la déprime ◊
Depression
certainement
bestimmt
la plongée sous-marine
Tauchen
s'investir
sich engagieren
la campagne
Land
rappeler
erinnern
l'offre (f) d'emploi
Stellenangebot

Entretien d'embauche
Einstellungs-gespräch

le CV (curriculum vitae)
Lebenslauf
donc
also, folglich
l'an (m)
Jahr
après
nach
les études (f) de biologie
Biologiestudium
le diplôme
Abschluß
l'expérience (f) professionnelle
Berufserfahrung
bricoler
basteln
le cas
Fall
marié
verheiratet
indispensable
unerläßlich, notwendig
la nature
Natur
disponible
zu Verfügung stehen, offen

le fumeur
Raucher
le permis de conduire
Führerschein
infiniment
unendlich, sehr
rechercher
suchen
correspondre à
entsprechen

A l'ANPE
Auf dem
Arbeitsamt

**l'ANPE (f) (Agence
Nationale Pour
l'Emploi)**
Arbeitsamt
le dossier
Akte
la qualification
Qualifikation
probable
wahrscheinlich
l'emploi (m) stable
fester Arbeitsplatz
pas grand-chose
nicht viel
à part
außer
pour cette raison (f)
aus diesem Grund
en plus
dazu
militer
aktiv sein (in einem
Verein, Partei usw.)

l'association (f)
Verein
l'environnement (m)
Umwelt
créer
schaffen
**le CAP, certificat
d'aptitude profes-
sionnelle**
Facharbeiterbrief
**l'agent (m) de la
qualité de l'eau**
Wasserbeauftragte
dans le cadre de
im Rahmen von
**le CFI, crédit formation
individualisée**
Arbeitsamt-Kredit für
Umschulung
remplir
ausfüllen

*Quelque part sur la
côte méditerra-
néenne*
*An der Mittelmeer-
küste*

quelque part
irgendwo
**la côte médite-
rannéenne**
Mittelmeerküste
avoir des nouvelles de
etwas hören von
bosser ◊
arbeiten

comme
als
l'éboueur
Müllmann
l'éboueur de la mer
Strandarbeiter,
kümmert sich um
Sauberkeit der
Meeresküste
**la PME, petite et
moyenne entreprise**
kleineres oder
mittleres Unternehmen
créer
schaffen, gründen
le créneau
Marktlücke
nettoyer
saubermachen
le port de plaisance
Yachthafen
enlever
auflesen, wegnehmen
le déchet
Abfall
jeter
wegwerfen
la plage
Strand
le contrat
Vertrag
la commune
Gemeindeverwaltung
le littoral
Küstengebiet
être content de
sich freuen über/auf
le passionné
Begeisterter

obligatoire
  obligatorisch
déprimer
  deprimieren
faire de l'auto-stop (m)
  trampen
fort
  stark
le sentiment
  Gefühl
la température
  Temperatur
en hausse
  steigend
se sentir bien dans sa peau
  sich wohl in seiner Haut fühlen
être bien dans ses baskets
  sich wohl fühlen
en baisse
  fallend
avoir le moral à zéro
  am Ende sein
s'en faire
  sich Sorgen machen
le séjour
  Aufenthalt
le laboratoire pharmaceutique
  pharmazeutisches Labor
le serveur
  Kellner
la lettre de candidature
  Bewerbungsschreiben
la société
  Gesellschaft, Firma
poser sa candidature
  sich bewerben
les loisirs (m)
  Freizeit
immédiatement
  sofort
la langue étrangère
  Fremdsprache
divers
  verschiedenes
la pièce jointe
  Anlage
la copie
  Kopie

Expressions

qu'est-ce qui se passe?
  was ist denn los?
tu plaisantes ou quoi?
  machst du Witze oder was?
ça va s'arranger
  es wird schon klappen
ça ne pose aucun problème (m)
  das ist kein Problem
les copains, c'est fait pour ça
  die Freunde sind dafür da

THÉORIE

A. Encore le subjonctif

C'est normal **que tu ailles bien**.
Es ist normal, daß es dir gutgeht.

Je ne pense pas **qu'ils puissent** trouver quelque chose.
Ich glaube nicht, daß sie was finden können.

Il est important **que vous sachiez** bricoler.
Es ist wichtig, daß Sie basteln können.

Aller

que j'	aille	que nous	allions
que tu	ailles	que vous	alliez
qu'elle/il	aille	qu'elles/ils	aillent

Pouvoir

que je	puisse	que nous	puissions
que tu	puisses	que vous	puissiez
qu'elle/il	puisse	qu'elles/ils	puissent

Savoir

que je	sache	que nous	sachions
que tu	saches	que vous	sachiez
qu'elle/il	sache	qu'elles/ils	sachent

Vouloir

que je	veuille	que nous	voulions
que tu	veuilles	que vous	vouliez
qu'elle/il	veuille	qu'elles/ils	veuillent

Die Verben **aller, pouvoir, vouloir** und **savoir** verändern ihre Stammform in Subjonctif.

A-2 Donnez des conseils à quelqu'un qui …

a. cherche du travail.

1. Il est nécessaire que vous … à l'ANPE. (aller)
2. Il est préférable que tu … un stage de formation. (faire)
3. Il est indispensable que tu … les petites annonces. (lire)
4. Il est important que vous … disponible. (être)
5. Il vaut mieux que vous … de bonnes relations. (avoir)
6. Il ne faut surtout pas que tu … . (désespérer)

b. n'a pas d'amis.

1. Il faut que tu … beaucoup. (sortir)
2. Il est important que tu … du sport. (faire)
3. Il vaut mieux que vous … gentil. (être)
4. Il est préférable que tu … dans une association. (s'investir)
5. Il est indispensable que tu … ouvert. (être)
6. Il ne faut surtout pas que vous … . (déprimer)

c. veut voyager, mais n'a pas d'argent.

1. Il est indispensable que vous … du camping. (faire)
2. Il vaut mieux que tu … de l'auto-stop. (faire)
3. Il est important que tu n'… pas au restaurant. (aller)
4. Il est préférable que vous … (travailler)
5. Il vaut mieux que tu … avec tes parents. (partir)
6. Il est préférable que vous … à la maison. (rester)

d. toujours fatigué.

1. Il est indispensable que tu … bien. (manger)
2. Il est nécessaire que tu … à la campagne. (aller)
3. Il ne faut surtout pas que vous … trop. (travailler)
4. Il est préférable que tu … du café fort. (boire)
5 Il est indispensable que vous … huit heures par nuit. (dormir)
6. Il vaut mieux que tu … chez le docteur . (aller)

A-1 Il faut que…

Il faut que j'aille à l'ANPE.
1. je 2. Bernard 3. les chômeurs 4. tu 5. vous 6. nous

THÉORIE

Wann wird der Subjonctif benutzt?

Il est important que vous aimiez la nature.
Il est indispensable que vous soyez disponible.

1. Nach Redewendungen, die Bedauern, Forderungen, Notwendigkeiten, Wünsche, Befürchtungen, Möglichkeiten, Zweifel oder Gefühle ausdrücken, steht der Subjonctif.

Que **veux-tu que** je fasse?
Je regrette que vous n'ayez pas le permis.
Je suis content que tu aies trouvé du travail.

2. Genauso wird der Subjonctif in Nebensatz benutzt, wenn im Hauptsatz Verben stehen, die persönliche Empfindungen, Willen, Wünsche oder Meinungen ausdrücken. Das ist ähnlich wie japanisches Heilpflanzenöl. Man kann es in vielen Fällen, für jedes Wehwehchen anwenden.

Je pense que tu peux trouver du travail.
Je ne pense pas que **tu puisses** trouver du travail.
Je crois qu'il a le permis de conduire.
Je ne crois pas qu'**il ait** le permis de conduire.

3. Was man denkt oder glaubt, steht im Indikativ. Bei der Verneinung, um Zweifel oder Ungewißheit auszudrücken, steht der Subjonctif.

e. est déprimé.

1. Il est important que vous … à vos copains. (téléphoner)
2. Il est préférable que tu … au cinéma. (aller)
3. Il est nécessaire que vous … un voyage. (faire)
4. Il est important que tu t' … une robe ou un livre. (acheter)
5. Il vaut mieux que vous … chez un psychanalyste. (aller)
6. Il ne faut surtout pas que vous … au lit. (rester)

A-3 Exprimez le doute!

Drücken Sie Zweifel aus!

1. Je trouve que sa femme *est* mignonne.
   …Je ne trouve pas que sa femme soit mignonne
2. Je pense que les chômeurs *peuvent* trouver du travail.
3. Je crois que les métiers de l'environnement *sont* l'avenir.
4. Je pense qu'il *est* facile de trouver un appartement.
5. Je trouve que sa nouvelle coiffure lui *va* bien.
6. Je pense que nous *savons* ce que nous faisons.
7. Je crois qu'il *veut* tout plaquer.
8. Je crois qu'elle *a* terminé ses études.

Note culturelle

Im Jahr 1992 suchten 2,9 Millionen Französinnen und Franzosen eine Arbeit, das heißt 10 % der erwerbstätigen Bevölkerung. Die Arbeitslosigkeit betrifft besonders die Jugendlichen. Um ihnen den Einstieg in den Beruf zu ermöglichen, stehen mehrere Maßnahmen zur Verfügung, wie die contrats emploi-solidarité (vergleichbar mit Arbeitsbeschaffungsmaßnahmen) und verschiedene Berufslehrgänge. Aber immer noch selten werden die Jugendlichen nach diesen Ausbildungen fest angestellt. Für diejenigen, die keine Qualifikation haben, folgen auf die Lehrgänge wieder Arbeitslosigkeit oder Jobs auf Zeit.

A LA RECHERCHE D'UN TRAVAIL

B. Accord ou pas d'accord?

Veränderlichkeit oder nicht Veränderlichkeit des Partizips Perfekt?

Tu **les** as vu**s** dans le métro, les chômeurs?

Ça me rappelle **une offre d'emploi** que j'ai lu**e**.

Vous avez commencé **des études de biologie** que vous n'avez pas terminé**es**.

J'ai vu **le** patron.	Je l'ai vu.
J'ai vu **la** plage.	Je l'ai vu**e**.
J'ai vu **les** éboueurs.	Je les ai vu**s**.
J'ai vu **les** plages.	Je les ai vu**es**.

Ça me rappelle **un** livre que j'ai lu.

Ça me rappelle **une** annonce que j'ai lu**e**.

Ça me rappelle **des** dossiers que j'ai lu**s**.

Ça me rappelle **des** lettres que j'ai lu**es**.

Das mit **avoir** gebildete Partizip Perfekt verändert sich **nur**, wenn dem Verb **ein direktes Objekt vorangeht**. Das Partizip Perfekt richtet sich dann nach Geschlecht und Zahl dieses Objekts.

Das ist nur dann der Fall, wenn die Personalpronomen **la, les** oder das Relativpronomen **que** dem Verb vorangehen.

B-1 Répondez aux questions et n'oubliez pas l'accord!

1. Tu as lu les petites annonces?

Oui, je les ai lues.

2. Tu as donné mon adresse?

3. Tu as vu les chômeurs dans le métro?

4. Vous avez passé votre permis de conduire?

5. Vous avez terminé vos études?

6. Tu as acheté les journaux?

7. La PME a embauché Madame Legrand?

B-2 D'accord avec l'accord?

1. L'annonce que j'ai ..... *lue* .....
   va t'intéresser. (lire)

2. C'est une PME que des jeunes ont ....
   (créer)

3. Les vacances que j'ai ....
   sur la côte étaient très bien. (passer)

4. Quelles sont les études que vous avez
   .... après le bac? (faire)

5. Combien de lettres as-tu ....?
   (envoyer)

6. Ça me rappelle une amie que j'ai ....
   en Italie. (connaître)

7. Ce sont les offres d'emploi que j'ai ....
   (trouver)

8. La robe qu'elle a .... est
   bleue.(acheter)

9. Le film que nous avons ....
   est de Godard. (voir)

A LA RECHERCHE D'UN TRAVAIL

199

C. Le baromètre
des sentiments
Gefühlsbarometer

1. Températures en hausse:

Je vais très bien.	Es geht mir sehr gut.
Je suis content.	Ich bin zufrieden, ich freue mich.
Je me sens bien dans ma peau.	Ich fühle mich wohl in meiner Haut.
Je suis bien dans mes baskets.	Ich fühle mich wohl.
Je suis en forme.	Ich fühle mich fit.
J'ai la pêche.	Ich bin gut drauf.

2. Températures en baisse:

Ça va pas fort.	Es geht mir nicht sehr gut.
J'en ai marre.	Ich habe es satt.
J'en ai ras le bol.	Ich habe die Nase voll.
J'en ai assez.	Es reicht mir.

3. Températures en-dessous de zéro:

Je suis déprimé.	Ich bin deprimiert.
Je suis angoissé.	Ich habe Angst.
J'ai le moral à zéro.	Ich bin am Ende.

4. Les mots pour consoler

Ce n'est pas si grave.	Es ist nicht so schlimm.
Ne t'en fais pas.	Mach dir keine Sorgen.
Ça va s'arranger.	Es wird schon wieder klappen.
Ce n'est pas important.	Es ist nicht so wichtig.
Ça ira mieux demain.	Morgen wird es besser gehen.

PRATIQUE

C–1 Qu'est–ce que vous dites à une personne qui ...

est au chômage?
qui ne trouve pas d'appartement?
qui est malade?
qui va passer un examen?
qui a des problèmes avec son patron?

C–2 Continuez la phrase!

1. Je suis content
2. Pendant les vacances,
3. Ne t'en fais pas,
4. Aujourd'hui, ça va pas fort,
5. Quand je pense au chômage,
6. J'en ai assez

a. ça va s'arranger.
b. de toujours nettoyer la cuisine.
c. de te voir.
d. ça m'angoisse.
e. j'étais en pleine forme.
f. mais ça ira mieux demain.

L'intrus

Ein Ausdruck paßt nicht in die Reihe. Welcher?

1. L'ANPE – le port de plaisance – le stage de formation – l'offre d'emploi – le CAP
2. le bricolage – la plongée sous-marine – les vacances – le dossier – la plage
3. ça me déprime – ça me panique – ça m'angoisse – ça m'oppresse – ça m'est égal
4. la campagne – la ville – la nature – l'air – la mer

Note culturelle

*Der **CFI** (crédit de formation individualisée) gehört zu den Maßnahmen, die darauf zielen, den Arbeitslosen den Einstieg in die Arbeitswelt zu erleichtern. Um Anspruch auf diese Maßnahme zu haben, muß man mindestens 25 Jahre alt und beim **ANPE** gemeldet sein, kein Diplom, aber Berufserfahrung haben. Dann wird mit einem Berater der **ANPE** eine Berufsausbildung ausgewählt, die die bisherigen Berufserfahrungen berücksichtigt. **Le conseiller**, der Berater, steht während der Maßnahme in dauerndem Kontakt mit dem Umzuschulenden.*

D. Nettoyer

je nettoi**e**
tu nettoi**es**
elle/il nettoie
nous netto**yons**
vous netto**yez**
elles/ils nettoi**ent**

Genauso: envoyer, employer

E. Ni ... ni ...

Je n'ai **pas d'**appart, **ni de** travail.
Ich habe weder Wohnung noch eine Arbeit.

Vous **n'**avez donc **ni** diplômes, **ni** expérience professionnelle.
Sie haben also weder Abschlüsse noch Berufserfahrung.

Positif	**Négatif**
J'ai un appartement **et** un travail.	Je n'ai **pas d'**appartement **ni** de travail.
Vous avez un diplôme **ou** une expérience professionnelle.	Vous **n'**avez **ni** diplôme, **ni** expérience professionnelle.

ne	+ Verb	pas de ...	ni de
ne	+ Verb	pas ...	ni
ne	+ Verb	ni...	ni

Ni ... ni ist die Verneinung bei Aufzählung. Vor dem Verb steht **ne**.
Wenn das erste Objekt schon verneint ist (ne ... pas, plus usw.), steht **ni** nur beim zweiten Objekt.

D-1 Aujourd'hui je nettoie

Aujourd'hui, *je nettoie la cuisine.*
1. tu – les toilettes 2. le patron – les bureaux
3. nous – l'appartement 4. les chômeurs – la plage
5. vous – les fenêtres

E-1 Ni l'un ni l'autre

1. Pour les vacances, nous allons à la mer ou à la campagne.

Pour les vacances, nous n'allons ni à la mer, ni à la campagne

2. Il s'intéresse au théâtre et à la plongée sous-marine.

....

....

3. J'aime la ville et le métro.

....

....

4. Vous avez un diplôme ou de l'expérience?

....

....

5. J'ai un appart et des copains.

....

....

6. J'ai lu votre curriculum vitae et votre lettre.

....

....

7. Dimanche, je fais de la plongée sous-marine ou de la bicyclette.

....

....

A LA RECHERCHE D'UN TRAVAIL

F. Curriculum vitae

DURAND, Bernard, 29 ans.
Adresse:
22, avenue d'Italie
75013 Paris
Tél. 40345682
Célibataire.

Niveau d'études: Baccalauréat en juin 1981, études de biologie à l'université de Caen.
Diplôme: CAP d'agent de la qualité de l'eau.
Langues étrangères: Anglais, parlé et écrit, notions d'allemand.

Du 1er juin 1986 au 30 septembre 1986, travaillé au Club Méditerranée comme animateur pour la plongée sous-marine.

Du 1er octobre 1986 au 31 mai 1987, séjour à Londres pour apprendre l'anglais. Pendant ce séjour, j'ai suivi des cours d'anglais et j'ai travaillé comme professeur de français dans une école privée.

Du 1er juillet 1987 au 31 août 1988, employé à la société Bel Air, à Nice, comme vendeur d'articles de sports.
Du 15 janvier 1989 au 15 mai 1989, stage de formation dans le laboratoire pharmaceutique Roche à Lyon.
Du 1er septembre 1989 au 31 juillet 1990, travaillé comme serveur dans le restaurant «A la bonne fourchette», à Paris.
Du 1er octobre 1990 au 31 janvier 1991, stage de préparation aux métiers de l'environnement.

Du 15 février 1991 au 15 juin 1992, préparation au CAP d'agent de la qualité de l'eau dans le cadre du crédit formation individualisée.

F-1 Ecrivez votre curriculum vitae!

Nom, prénom, âge: ....
....

Adresse, tél.: ....
....

Situation de famille: ....

Niveau d'études, diplômes:

....
....
....
....

Langues étrangères:

....
....
....

Expérience professionnelle:

....
....
....
....
....
....

Divers:

....
....
....
....

A LA RECHERCHE D'UN TRAVAIL   205

THÉORIE

BERNARD DURAND
22, AVENUE D'ITALIE
75013 PARIS
Tél. 40345682

le 30/10/92

Société PLEIN AIR
A l'attention de Monsieur Lemaire

Objet: Votre annonce du 23/10/92.

Monsieur,

J'ai passé en juin 1992 mon CAP d'agent de la qualité de l'eau.
Depuis je recherche un emploi qui correspond à ma formation.
J'ai lu dans le Figaro du 23/10/92 que vous cherchiez un
éboueur de la mer.

Je me permets de poser ma candidature à ce poste. Ce travail
m'intéresse beaucoup, parce que je fais de la plongée sous-
marine pendant mes loisirs.

Comme je ne travaille pas actuellement, je suis libre immédiatement.

Veuillez agréer, Monsieur, l'assurance de mes sentiments
distingués.

Bernard Durand

Pièces jointes: Curriculum vitae, copies des diplômes.

F-2 Vous cherchez un travail

Lisez les petites annonces d'offres d'emploi. Vous en choisissez une et vous écrivez une lettre de candidature.

Centre de formation
micro-informatique
recherche

SECRÉTAIRE

CDD 8 mois
• libre rapidement
• motivée et méthodique
Envoyer CV + photo à
SYSIF SA
CNIT 2 place de la
Défense BP 565 92053
PARIS LA DEFENSE
Téléph: 47.74.73.26
Télécopie: 46.92.12.40

16e: sandwicherie
(création) recherche J.F
22 ans min., excellente
présentation et libre de
suite, pour accueil et
service clientèle.
Rémunération 5000F + %
CA. Contacter ce jour
45.27.29.07

Pub. TV. Ciné

Comédien(e),
figurant(e) débutant
/professionnel.

Transam Casting

45.70.96.02.

Société de Danse Rétro
cherche TAXI-BOYS
sachant danser le tango.
la valse et le paso-doble.
Tél. au 40.35.63.54

SECRÉTAIRE

Poste à plein temps
CDD.
Lieu de travail: Paris
Envoyer lettre de
motivation et C.V à
SIDA INFO SERVICE
247, rue de Belleville,
75019 PARIS

MI-TEMPS: dactylo
experte Macintosh,
excellente présentation.
Tél. 42.55.58.87.

STE TOURISME

recrute

ASSISTANTE

pour prise RV
téléphoniques
de haut niveau
Rem. motivante.
Téléphoner pour
RV 47.61.93.39.

A.P.C. recherche
vendeuse 20 à 30 ans.
Expérience de vente
éxigée. Adresser Cv
et photo à A.P.C. 32 rue
Cassette. 75006 Paris.

Der Begleitbrief zum Lebenslauf soll handschriftlich sein, da er oft graphologisch begutachtet wird. Oben links werden der eigene Name, Vorname, Adresse und Telefonnummer in Blockschrift eingetragen.
In der Anrede steht immer *Monsieur* oder *Madame*, gegebenenfalls mit Titel, aber immer ohne Nachname. Der Brief endet mit *Je vous prie d'agréer mes salutations distinguées* oder *Veuillez agréer, Monsieur, l'expression de mes sentiments les meilleurs*. Das ist zwar umständlich, aber immer noch üblich. Es bedeutet soviel wie *Ich bitte Sie, meine vornehmen Grüße anzunehmen* oder *Genehmigen Sie mir, mein Herr, den Ausdruck meiner wohlgesonnensten Gefühle*.

THÉORIE

G. Les prépositions

dans le métro	in der Metro
chez l'un ou **chez** l'autre	bei dem einen oder bei dem anderen
c'est gentil **de** ta part	das ist nett von dir
à la campagne	auf dem Land
après le bac	nach dem Abitur
d'après votre lettre	nach Ihrem Brief
pour ce travail	für diese Arbeit
sans qualification	ohne Qualifikation
à part un stage de formation	außer einem Ausbildungslehrgang
pour vous	für Sie
en vacances	im Urlaub
avec des communes	mit Gemeindeverwaltung

Attention!

Je vais **à** la boulangerie.
Ich gehe zu der Bäckerei.
Je vais **chez** le boulanger.
Ich gehe zu dem Bäcker.

à wird nur für Orte benutzt. Bei Personen steht aber **chez**.

un verre **de** vin
ein Glas Wein
un verre **à** vin
ein Weinglas

Gebrauch der Präpositionen

Il va **à** l'ANPE.	Il est **à** l'ANPE.
Il va **en** France.	Il est **en** France.
Il va **chez** un copain.	Il est **chez** un copain.

Auf französisch unterscheidet man nicht zwischen **wo** und **wohin**.

1. Ort und Richtung	à, dans, en, chez, devant, derrière, sur, pour, pendant, jusqu'à
2. Zeitangabe und Dauer	à, de, vers, avant, après,
3. Art und Weise	à, de, en, avec, sans
4. Zweck	à, pour
5. Einschränkung	à part
6. Konformität	d'après

G-1 Métro-boulot-dodo

Berufstätige haben einen schweren Tag:
U-Bahn – Schaffen – Schlafen.

1. Jean se lève ………*a*……. 6 heures. **2.** Il va d'abord … la salle de bains pour prendre sa douche, puis il boit son café debout … la cuisine. **3.** Il va … bureau … métro. **4.** Normalement il travaille … 8 heures …18 heures. …la pause de midi, il va … un café pour manger un sandwich. **5.** Quand il a le temps, il fait les courses … le dîner. **6.** Il va … le boulanger, … le boucher et … l'épicerie. Le soir, il rentre … lui … métro. **7.** Il mange et … ça il fait la vaisselle. **8.** Il passe la soirée … la télé. **9.** Il se couche … 10 heures.

UN SALAIRE
CALCULÉ
SUR LA BASE
DU SMIC

ANPE

THÉORIE

G. Quelle préposition après le verbe?

J'en ai marre **d'**être au chômage.	Ich habe es satt, arbeitslos zu sein.
Je vais finir **par** faire la manche.	Ich werde am Ende noch betteln.
Quand je pense **à** l'avenir, ça me panique.	Wenn ich an die Zukunft denke, gerate ich in Panik.
Arrête **de** raconter des conneries!	Hör auf, Quatsch zu erzählen!
Tu es inscrit **à** l'ANPE?	Bist du beim Arbeitsamt gemeldet?
J'ai envie **de** tout plaquer.	Ich möchte alles stehenlassen.
Tu ne vas pas tomber **dans** la déprime.	Du wirst doch nicht in Depressionen fallen.
Vous pourriez participer **à** un stage.	Sie könnten an einem Lehrgang teilnehmen.

Verb	Préposition	
commencer	à	anfangen zu
correspondre	à	entsprechen
écrire	à	schreiben an
être inscrit	à	angemeldet sein bei
participer	à	teilnehmen an
penser	à	denken an
réfléchir	à	überlegen
s'intéresser	à	sich interessieren für
confondre	avec	verwechseln mit
s'investir	dans	sich engagieren für
arrêter	de	aufhören mit
avoir besoin	de	brauchen
avoir envie	de	Lust haben auf
avoir le droit	de	ein Recht haben auf
discuter	de	diskutieren über
en avoir marre	de	es satt haben
essayer	de	versuchen zu
être au courant	de	informiert sein über
finir	de	beenden
parler	de	sprechen über
s'occuper	de	sich kümmern um
se souvenir	de	sich erinnern an
sortir	de	herausgehen aus
venir	de	kommen von
finir	par	am Ende + Infinitiv
prendre	pour	halten für

Keine Angst, die Liste ist noch lange nicht vollständig. Da hilft nur eins: anfangen zu pauken.

G-2 On a encore oublié les prépositions.

1. Je suis né ... Paris. **2.** J'ai habité ... mes parents. ... le bac, j'ai fait des études de français. **3.** J'habite ... Provence ... ma femme. **4.** J'ai fait un stage de formation ... la Banque Lyonnaise ... 1988 .... 1990. **5.** Je n'ai pas d'expérience professionnelle, ... mon stage à la banque. **6.** Je suis ... travail depuis deux mois. **7.** J'ai lu votre offre d'emploi ... le Figaro.... votre annonce, vous cherchez une personne ... un an. **8.** Je suis prêt à travailler ... 4000 FF par mois.

G-3 Quelle préposition?

1. J'en ai marre *de*. travailler, mais j'ai besoin ...... argent.

2. Je voudrais arrêter ...... travailler, mais je n'ai pas envie ...... être chômeur.

3. Je dois aller ...... mon patron pour discuter ...... mon avenir.

4. Je vais réfléchir ... votre offre mais elle ne correspond pas ...... ce que je recherche.

5. Pour participer ...... cette formation, il faut écrire ...... l'association pour la défense de l'environnement.

6. Il est inscrit ...... l'université, mais il ne s'intéresse pas ...... ses études.

7. Il pense trop ...... ses vacances.

8. Nous ne sommes pas au courant ...... cette histoire.

9. Tu dois t'investir ...... ton travail, si tu ne veux pas finir .... faire la manche.

10. Je viens ...... l'ANPE, ils vont s'occuper ...... mon dossier.

11. Je ne me souviens pas ...... vous, vous êtes sûr que vous ne me confondez pas ...... une autre personne?

A LA RECHERCHE D'UN TRAVAIL

THÉORIE

I. Les petits mots
qui changent de sens
Die kleinen Wörter mit mehreren Bedeutungen

4 fois même

et **même pas** une nana	*nicht mal*
toujours **la même** chose	(la/le même) *das-, der-, dieselbe*
	(les mêmes) *dieselben*
même le week-end	*sogar*
Tu ne vas **quand même pas**	*doch, immerhin,* trotzdem

3 fois comme

comme tu veux	*wie*
comme je n'ai pas de travail	*da, weil*
comme éboueur de la mer	*als*

Comme = da, weil wird anstelle von **parce que** benutzt, wenn es am Anfang vom Satz steht.

4 fois pour

pour trouver du travail	*um zu*
un stage de formation	*für*
pour vous	
l'avion **pour** Nice	*nach*
pour des raisons professionnelles	*aus*

6 fois part

C'est gentil **de ta part**.	*Das ist nett von dir.*
de **ma** (ta, sa, usw) **part**	*von mir (dir, ihr, deinerseits, usw.)*
à part un stage de formation	*außer*
Qu'est-ce que tu deviens, **à part ça?**	*sonst*
Tu veux **ma part** de dessert?	*mein (dein, usw.) Anteil/Teil*
J'ai vu le dossier **quelque part**.	*irgendwo*
Je ne le trouve **nulle part**.	*nirgendwo*

I-1 Et en allemand, comment dit-on?

1. Je n'ai pas de travail, pas d'appart et même pas un copain.
2. Tu n'es même pas inscrit à l'ANPE?
3. Je lis les offres d'emploi du Monde, de Libération et même du Figaro.
4. Quand j'envoie ma candidature, je reçois toujours la même réponse.
5. Elle aime la ville, les rues, les cinémas et même le métro.
6. Il a fait des études de biologie, il a fait des stages et il a même travaillé dans des associations.
7. Vous n'avez pas de diplômes, pas d'expérience professionnelle et même pas de permis de conduire.
8. Tu as quand même fini par trouver du travail.
9. Vous avez toujours la même adresse?
10. Nous nettoyons les plages et même les ports de plaisance.

I-2 Elle est belle comme le jour!

Et comment est votre ami(e)?
Il est grand comme …

La tour Eiffel.
....

1. Il est sportif comme … . 2. Il est … comme … 3. Elle est parfumée comme … . 4. Elle est … comme …

I-3 Qu'est-ce que vous faites pour...?

Je lis les offres d'emploi
pour trouver du travail.

1. lire les offres d'emploi / trouver du travail. 2. aller à la mer/les vacances 3. faire de la plongée sous-marine/ rester en forme 4. donner de l'argent à Greenpeace/la défense de la nature 5. boire une bière/ bien dormir 6. prendre le métro/aller au travail

I-4 Trouvez la bonne traduction!

1. Comme vous le savez, j'ai fait des études d'allemand. 2. Comme vous n'avez pas de diplôme, c'est difficile de vous trouver un emploi. 3. Comme je vous l'ai écrit dans ma lettre, j'aime beaucoup la nature. 4. Comme j'ai un grand appartement, tu peux habiter chez moi. 5. Tu fais comme tu veux. 6. Comme chômeur, c'est impossible de trouver un appartement.

I-5 En français, comment dit-on?

1. Sagen Sie ihm vielen Dank von mir. 2. Er fühlt sich nirgendwo wohl. 3. Außer Zeitung lesen habe ich heute nichts gemacht. 4. Ich möchte irgendwo an der Küste leben. 5. Gibst du mir deinen Teil von der Eisbombe?

ÉCOUTEZ

Ecoutez chaque dialogue deux fois et répondez aux questions.

Vrai (v) ou faux (f)	v	f
Dialogue 1: Au téléphone		
1. Bernard a lu l'offre d'emploi à l'ANPE.	■	■
2. M. Lacroix cherche une personne qui s'intéresse aux problèmes de l'environnement.	■	■
3. Bernard a travaillé dans des associations.	■	■
4. Bernard est au chômage.	■	■
5. M. Lacroix a lu le CV de Bernard.	■	■
Dialogue 2: Vivre sur la côte		
1. Bernard a fait de la plongée sous-marine ce week-end.	■	■
2. Bernard a trouvé un travail sur la côte.	■	■
3. La côte n'est pas polluée.	■	■
4. Bernard veut habiter sur la côte.	■	■

Prononciation

Mettez la cassette, appuyez sur le bouton, écoutez et répétez chaque mot.
Les mots avec **«agn»** et **«ign»**:

campagne, montagne, bagnole, gagner, espagnol, oignon

les mots avec **«ay»**, **«oy»**, **«uy»**

joyeux, employé, voyage, ennuyer, nettoyer, envoyer, que vous soyez, que nous ayons

Ecoutez et répétez les phrases.
Je vais très bien. Je suis bien dans mes baskets. J'ai la pêche. J'en ai marre.
Ça va pas fort. J'en ai ras le bol. Ce n'est pas si grave. Ne t'en fais pas.

Mini-dialogues

A. - **Tu** l'as **lu, le dossier?**
Non, je ne l'ai pas **lu**.
Il faut que **tu le lises**.

1. Bernard, lire les offres d'emploi; **2.** tu, écouter la radio; **3.** vous, voir le dernier film de Catherine Deneuve; **4.** les chômeurs, faire le stage de formation; **5.** Bernadette, envoyer sa candidature; **6.** vous, passer le permis de conduire; **7.** nous, envoyer la lettre; **8.** je, raconter l'histoire.

Maxi-dialogues

Un clochard **A** voudrait retravailler après douze ans de chômage. Il se présente dans un grand hôtel de luxe. **B**, le patron le reçoit.
A est au chômage. **B**, l'employé de l'ANPE lui propose quelque chose. **A** n'a pas envie de travailler.
A travaille depuis huit ans dans le bureau de **B**. **A** va voir **B**, parce qu'il veut gagner plus d'argent.

OÙ TROUVER UN EMPLOI AUJOURD'HUI?

Les Français sont angoissés. La peur du chômage est une des raisons principales de cette angoisse. La France compte actuellement 3 millions de chômeurs, c'est à dire 10 % de la population active. Pourtant, chaque mois 100.000 offres d'emploi restent dans les tiroirs de l'ANPE. Les restaurants, les hôpitaux, les boulangeries désespèrent: ils recherchent du personnel, mais ne trouvent personne. Ces professions sont mal aimées. Pourquoi?

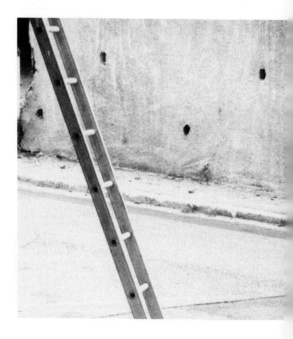

Les Français ne veulent plus travailler avec leurs mains - c'est sale-, ni servir les autres. Jean Perdoux, chômeur depuis dix mois: «J'ai travaillé 5 ans en cuisine, dans une brasserie, à Paris. On travaille quand les autres sont libres, il faut rester debout tard. Quand on rentre à la maison, on est crevé. J'ai été très malade et j'ai perdu mon emploi. Maintenant, je ne veux plus travailler dans un restaurant.»

Les Français préfèrent les emplois dans la pub, à la banque ou dans les bureaux. A qui la faute? Ça commence déjà à l'école. Les parents veulent que leurs enfants fassent des études. « Si tu n'as pas ton bac, tu finiras ouvrier ou chômeur.»

compter
zählen
la population active
erwerbstätige
Bevölkerung
le tiroir
Schublade
l'hôpital (m)
Spital
la brasserie
Kneipe, Restaurant
les parents
Eltern
milliers (m)
Tausende

Il y a des milliers de jobs à prendre à la campagne, mais personne ne veut y aller. Le travail y est difficile. Et puis les Français n'aiment pas changer de région. Même les jeunes chômeurs refusent de partir. Loin de leur famille et de leurs copains, ils tombent dans la déprime. Souvent sans expérience professionnelle et sans diplôme, ils sont payés au SMIC et n'ont même pas assez d'argent pour sortir et s'amuser.

Aujourd'hui, les diplômes non plus ne suffisent pas toujours pour trouver un emploi stable. De plus en plus de cadres sont au chômage. Les patrons reçoivent chaque jour des dizaines de CV et de lettres de candidature. Les grandes boîtes n'embauchent plus. Ce sont maintenant les PME qui proposent des emplois. Mais comme elles se trouvent surtout en province, les cadres, dont beaucoup habitent la région parisienne, doivent quitter Paris pour aller habiter dans de petites villes.

«Près de 80 % des candidatures pour les emplois dans le Languedoc-Roussillon viennent d'autres régions» nous a dit l'ANPE de cette région. Les cadres sont plus mobiles et acceptent de partir, surtout quand il s'agit de trouver le soleil sur la côte méditerranéenne. Pour trouver du travail aujourd'hui, il faut être mobile et flexible.

Compris?

Vrai (v) ou faux (f)?

	v	f
1. Les Français ont peur du chômage.	☐	☐
2. La France compte 2 millions de chômeurs.	☐	☐
3. Les Français préfèrent travailler dans les restaurants et les hôpitaux.	☐	☐
4. Les parents veulent que leurs enfants fassent des études.	☐	☐
5. Il est difficile de trouver un emploi à la campagne.	☐	☐
6. Les jeunes chômeurs acceptent de changer de région.	☐	☐
7. Les diplômes ne suffisent plus pour trouver du travail.	☐	☐
8. Les PME se trouvent surtout à Paris.	☐	☐

A vous!

1. Le chômage vous fait peur?
2. Qu'est-ce que vous feriez sans travail?
3. Qu'est-ce que vous feriez sans salaire?
4. Vous accepteriez de partir dans une autre région pour travailler?

THÈME 6

SOUVENIRS, SOUVENIRS

Dans le TGV, en direction du sud

Caroline Pardon Monsieur, vous savez à quelle heure le train arrive à Montélimar?

Le voyageur Je ne sais pas, mais je sais que c'est la gare juste après Valence. Oui, ça doit faire encore une demi-heure après Valence. Vous restez à Montélimar?

Caroline Non, non, je vais faire une randonnée dans les Cévennes. Je descends à Montélimar et là, je dois prendre un car jusqu'à Aubenas, ensuite je change pour aller aux Vans.

Le voyageur Vous allez retrouver des amis?

Caroline Oui, je connais des gens qui habitent là, et j'ai envie de me balader.

Le voyageur Moi, vous savez, je connais bien le coin. Oui, quand j'étais petit, j'y allais tous les étés avec mes parents. Je n'aimais pas parce que j'avais peur des chèvres et aussi parce que les autres enfants me racontaient des histoires de loup-garou. J'en faisais des cauchemars...

Caroline Vous en avez rencontré des loups-garous?

Le voyageur Bien sûr que non! Seulement une fois un sanglier, et comme j'ai crié, il s'est vite sauvé.

SOUVENIRS, SOUVENIRS 221

Caroline Alors, vous n'aimiez pas passer vos vacances dans cette région?

Le voyageur Mais si! On louait une ancienne ferme au bord de la rivière. On pouvait jouer dans l'eau, pêcher. Il y avait de gros rochers tout blancs, un jour, j'ai glissé en voulant attraper une grenouille et je suis tombé tout habillé dans l'eau.

Caroline Pauvre grenouille!

Le voyageur Comment? J'ai failli me noyer, heureusement que j'avais pied parce que je ne savais pas bien nager à cette époque! Quand je suis rentré tout mouillé à la maison, alors ma mère m'a grondé, mon père m'a consolé et finalement on m'a donné un bon goûter. Il y a longtemps de tout ça.

Caroline Ah tiens, on arrive à Montélimar. C'est vraiment rapide avec le TGV. Il faut que je descende.

Le voyageur Vous êtes bien chargée, je vais vous aider. Je vais descendre votre valise.

Caroline Vous êtes très gentil, au revoir et bon voyage.

Le voyageur Au revoir Mademoiselle, et faites attention au loup-garou!

Dans les Cévennes,
dans une chambre d'hôte avec la propriétaire

Mme Loiseau Alors, ça y est, vous êtes bien installée? Vous avez tout ce qu'il vous faut?

Caroline Oui, ça va, merci! C'est très bien.

Mme Loiseau Vous savez, la chambre où vous êtes, c'est la chambre où je suis née! J'habite

ici depuis toujours. Il y a dix ans qu'on a tout refait. Le chauffage a même été installé par mon père.

Caroline Pourquoi? Y avait pas de chauffage?

Mme Loiseau Si, mais au bois! La Chambre d'agriculture nous a donné des crédits pour nous permettre de rénover et de louer aux touristes. Ici, autrefois, comme il y avait très peu d'hôtels et pas de terrains de camping, les gens qui venaient faisaient du camping sauvage.

Caroline Oh oui, j'ai vu que c'était interdit maintenant.

Mme Loiseau Oui, à cause des incendies de forêts et puis pour faire marcher les campings.

Caroline Ça ne vous dérange pas les touristes?

Mme Loiseau Oh que non! La saison est même trop courte. Remarquez, certains sont restés. C'était dans les années soixante-dix... des jeunes qui venaient des grandes villes. Ils n'étaient pas toujours bien acceptés par les gens. Mais en tout cas, comme nos jeunes à nous, eux, ils ont dû partir pour trouver du travail, ça fait de l'animation.

Caroline C'est dur de trouver un emploi ici.

SOUVENIRS, SOUVENIRS

Mme Loiseau Oh, il n'y a presque plus rien! Autrefois les gens vivaient de l'élevage du ver à soie, de l'industrie textile mais peu à peu après la guerre, les usines ont été fermées et les gens sont partis dans la vallée. Alors, le tourisme, ça fait un peu vivre la région!

Caroline Bon, il faut que j'y aille, mes amis m'attendent. A ce soir!

En randonnée, dans les montagnes

Caroline Comme c'est joli la maison en pierres!

Le paysan (*assis devant sa porte*) Oui, elle appartenait déjà à mes arrière-grands-parents. Mais à l'époque, il y avait à côté d'autres fermes qui étaient encore exploitées. Ça fait bien longtemps que tout le monde est parti. Maintenant, c'est isolé ici.

Caroline Pourtant, ça doit être bien de vivre ici, c'est tellement calme.

Le paysan Pour être calme, c'est calme! Mais on ne peut plus vivre de la terre ici. Les produits se vendent mal. Ça ne rapporte plus assez pour nourrir une famille... et puis avec l'Europe, ça va pas s'améliorer... avec tous les fruits, le vin, qu'on importe d'Espagne, d'Italie, avec la viande de Hollande … on ne peut plus rien faire!

Caroline Et vous, comment faites-vous?

Le paysan Moi? Je suis vieux! Je n'ai pas besoin de grand-chose... Ça va. J'ai mes chèvres, mes châtaigniers. Mais des fois, c'est dur. L'année dernière, par exemple: c'était en plein hiver, il neigeait, il y avait du vent, c'était en fin d'après-midi, il faisait déjà nuit. Je suis allé chercher du bois dans la remise pour faire mon feu et en revenant, j'ai glissé devant la porte et je me suis foulé la cheville.

Caroline Oh là là! Comment vous avez fait?

Le paysan Ben, je suis resté deux jours tout seul avec le pied enflé. Le docteur ne pouvait pas monter à cause de la neige.

Caroline Mais c'est affreux!

Le paysan Après c'est le facteur qui m'a apporté de la pommade et des provisions. Heureusement que j'avais mon chien et la télé pour me tenir compagnie.

Caroline C'est difficile à s'imaginer quand on se promène ici en été!

Le paysan C'est comme ça! Et puis, on est habitué, et comme j'ai toujours vécu ici j'irai pas ailleurs!

REPONDEZ

A.
Vrai (v) ou faux (f) ?

Une question par dialogue

	v	f
1. Caroline raconte ses aventures.	☐	☐
2. Madame Loiseau est une touriste dans les Cevennes.	☐	☐
3. Le paysan parle des touristes.	☐	☐

B.
C'est juste? Vrai (v) ou faux (f) ?

Répondez aux questions

Dans le train

	v	f
1. Le voyageur va à Aubenas.	☐	☐
2. Caroline a pris le TGV.	☐	☐
3. Le voyageur avait peur du loup-garou.	☐	☐
4. Les amis de Caroline habitent dans les Cévennes.	☐	☐

Dans les Cévennes

	v	f
5. Madame Loiseau est née dans la maison du paysan.	☐	☐
6. C'est permis de faire du camping sauvage.	☐	☐
7. Autrefois les gens vivaient du ver à soie.	☐	☐
8. Madame Loiseau est bavarde.	☐	☐

En randonnée, dans les montagnes

	v	f
9. Caroline n'aime pas la maison.	☐	☐
10. Le paysan vit très isolé.	☐	☐
11. Pour le paysan, la vie sera plus facile avec l'Europe.	☐	☐
12. Le paysan vit avec son chien et sa télé.	☐	☐

SOUVENIRS, SOUVENIRS
ERINNE-RUNGEN, ERINNE-RUNGEN

Dans le train
Im Zug

la direction
Richtung
juste
gerade, direkt
le car
Bus
Les Vans
Kleinstadt im Dépar-
tement Ardèche
retrouver
treffen
se balader
spazierengehen
le coin
Ecke, Umgebung
la chèvre
die Ziege
le loup-garou
Werwolf
le cauchemar
Alptraum
le sanglier
Wildschwein
se sauver
sich retten, abhauen

la région
Region
louer
mieten
ancien
alt
la ferme
Bauernhof
pêcher
angeln
la rivière
Fluß
le rocher
Fels
glisser
rutschen
attraper
fangen
la grenouille
Frosch
à l'époque (f)
damals
avoir pied
im Wasser stehen
nager
schwimmen
mouillé
naß, feucht
gronder
ausschimpfen
consoler
trösten
le goûter
Vesper, Jause
**TGV, train à grande
vitesse**
Hochgeschwindigkeits-
zug

rapide
schnell
être chargé, -e
viel Gepäck haben

Dans les Cévennes
In den Cévennen

la chambre d'hôte
Fremdenzimmer
le, la propriétaire
Besitzer, -in
refaire
neu machen
**la Chambre
d'agriculture**
Landwirtschafts-
kammer
né, -e
geboren
le chauffage
Heizung
installer
einbauen
le crédit
Kredit
se permettre
sich leisten können
rénover
renovieren

louer
vermieten
se loger
wohnen
autrefois
früher
le terrain de camping
Campingplatz
sauvage
wild
interdire
verbieten
à cause
wegen
l'incendie (m)
Brand
court, -e
kurz
remarquer
bedenken
certains
manche
presque
fast
l'élevage (m)
(Auf-)Zucht
le ver à soie
Seidenraupe
la guerre
Krieg
l'usine (f)
Fabrik
la vallée
Tal

En randonnée, dans
la montagne
Beim Wandern in
den Bergen

la pierre
Stein
les arrière-grands-
parents
Urgroßeltern
exploiter
bewirtschaften,
ausnutzen
isolé
isoliert
calme
ruhig
rapporter
Geld einbringen
nourrir
ernähren
s'améliorer
sich verbessern
le châtaignier
Kastanienbaum
des fois ◇
manchmal
l'hiver (m)
Winter
neiger
schneien
le vent
Wind
le bois
Holz
faire du feu
Feuer machen

la remise
Abstellkammer
fouler
verrenken
la cheville
Knöchel
enflé
geschwollen
affreux
fürchterlich
le facteur
Briefträger
apporter
mitbringen
la pommade
Salbe
les provisions (f)
Proviant
tenir compagnie (f)
Gesellschaft leisten
s'habituer à
sich gewöhnen an

Théorie et pratique

tout de suite
sofort

tout à coup
plötzlich

tout à fait
ganz und gar

rien du tout
gar nichts

en tout cas
auf jeden Fall

tout à l'heure
soeben, gerade
(eben)

à cette époque-là (f)
zu der Zeit

à l'époque (f)
damals

après
danach

avant
davor

pendant
während

de mon temps
zu meiner Zeit

d'abord
zuerst

ensuite
dann, danach

et alors
und dann

tout à coup
plötzlich

au moment où
in dem Moment wo

soudain
plötzlich

à ce moment-là
gerade dann

après ça
daraufhin

finalement
zum Schluß

il y a
vor

il y a … que
es ist … her, daß

depuis
seit

ça fait … que
es ist … her, daß

à cause de
wegen

faire faillite
Konkurs machen

en plein hiver
mitten im Winter

en plein été
mitten im Sommer

en pleine saison
in der Hochsaison

en plein jour
am hellichten Tage

en plein air
unter freiem Himmel

en plein soleil
in der prallen Sonne

en pleine rue
auf offener Straße

en pleine ville
direkt in der Stadt

en plein centre
direkt im Zentrum

en pleine mer
auf hoher See

Expressions

c'est la gare juste après
das ist der Bahnhof direkt danach

vous allez retrouver des amis?
wollen Sie sich mit Freunden treffen?

j'ai failli me noyer
ich wäre beinahe ertrunken

il y a longtemps de ça
das ist schon lange her

pour faire marcher les campings
damit die Campingplätze Geld bringen

les années soixante-dix
die siebziger Jahre

il faut que j' y aille
ich muß gehen

à ce soir
bis heute abend

je n'ai pas besoin de grand-chose
ich brauche nicht viel

heureusement que j'avais mon chien
ein Glück, daß ich meinen Hund dabei hatte

THÉORIE

A. Tout ...

Il y avait de gros rochers **tout** blancs.
Es gab große, ganz weiße Felsen.

Je suis tombé **tout** habillé dans l'eau.
Ich bin völlig angezogen ins Wasser gefallen.

Il y a 10 ans qu'on a **tout** refait.
Wir haben vor zehn Jahren alles renoviert.

Tout le monde est parti.
Alle Leute sind weg.

Tout vor Adjektiven wird als Adverb benutzt und bleibt unverändert. Ausnahme: les maisons toutes blanches, elle est toute mouillée. «Tout» vor weiblichen Adjektiven wird verändert.

Tout bedeutet: ganz, völlig, sehr, durchaus, ganz und gar, total.

Tout vor Partizipien bedeutet **alles**.

Ausdrücke mit unverändertem **tout**

tout de suite	sofort
tout à coup	plötzlich
tout le monde	jedermann, alle
tout à fait	ganz und gar
rien du tout	gar nichts
en tout cas	auf jeden Fall
tout à l'heure	soeben, gerade, eben

Vacances Toniques En Ardèche

A-1 Tout – toute

1. Je suis ....*tout*.... content. **2.** L'été, il dort
.... nu. **3.** En juillet, le bois est ....
sec. **4.** En plein été, la nature est ....
sèche. **5.** Elle s'est installée devant la porte
.... seule. **6.** Les nuages qui amènent
l'orage sont .... noirs.

A-2 Tout, toute, tous, toutes

1. Il les a ....*tous*............. connus.
2. .... la maison est en ruines. **3.** Les
jeunes sont .... partis. **4.** Les femmes
sont .... restées au village. **5.** Il a acheté
.... le terrain.

A-3 Tout, c'est tout

1. J'ai dépensé l'argent de la famille, je n'ai plus rien.
.... *J'ai tout dépensé.*

2. Elle a mangé les fruits, le fromage, la viande et les gâteaux.
....

3. En été, on a récolté les pêches, les abricots, les tomates.
....

4. Avec ses outils, il a installé le chauffage, la salle de bains, la cuisine.
....

5. En jouant au casino, il a perdu son argent, sa maison et sa femme.
....

A-4 Verbinden Sie

1. Tout le monde sait
2. Tout à coup
3. En tout cas
4. Attends, j'arrive
5. Elle fait un régime,

a. je ne veux pas rester ici.
b. elle me dit: je t'aime.
c. qu'il est très riche.
d. elle ne mange rien du tout.
e. tout de suite.

B. L'imparfait

Je	parl**ais**
tu	parl**ais**
il/elle	parl**ait**
nous	parl**ions**
vous	parl**iez**
ils/elles	parl**aient**

L'imparfait de narration

Quand j'**étais** petit, j'y **allais** tous les étés avec mes parents.
Als ich klein war, fuhr ich dort jeden Sommer mit meinen Eltern hin.

Das Imperfekt wird hier gebraucht für **Handlungen und Gewohnheiten,** die sich in der Vergangenheit wiederholt haben und jetzt vorbei sind.

Il n'y **avait** rien pour se loger. Les gens qui **venaient, faisaient** du camping.
Es gab keine Unterkunft. Die Leute, die kamen, zelteten.

C'**était** en plein hiver, il **neigeait,** il y **avait** du vent.
Es war mitten im Winter, es schneite, es war windig.

Das Imperfekt wird hier gebraucht für **Beschreibungen von Dingen** und Situationen in der Vergangenheit.

Bestimmte Ausdrücke weisen auf die Vergangenheit hin.

à cette époque-là
autrefois
à l'époque
après
avant
dans (mon enfance)
pendant
de mon temps

Les mots et les expressions qui parlent du passé.
A cette époque-là, j'y allais tous les étés.
Zu dieser Zeit war ich jeden Sommer dort.

Autrefois les gens vivaient de l'élevage du ver à soie.
Damals lebten die Leute von der Seidenraupenzucht.

Après la guerre, les gens n'avaient pas de travail.
Nach dem Krieg hatten die Leute keine Arbeit.

A l'époque, il y avait d'autres fermes.
Zu der Zeit gab es andere Bauernhöfe.

B-1 Quand j'étais petit ...

Mettez à l'imparfait

...... *Quand j'étais petit,* ....
.... *je vivais à Paris.* ....

1. Je/vivre à Paris. **2.** Il/parler français. **3.** Luc et Simone/être amis. **4.** Tu/venir plus souvent. **5.** Je/vouloir habiter à la campagne. **6.** Je/jouer dans la rue.

B-2 Maintenant et autrefois

1. Maintenant, je suis gai. Avant j'.*.étais..* déprimé.

2. Maintenant, on travaille 38 heures. Autrefois/le samedi.

3. Maintenant, les filles portent des mini-jupes. Avant/des jupes longues.

4. Maintenant, on pense beaucoup à l'argent. Autrefois/aux fêtes.

5. Maintenant, on vit souvent seul. Autrefois/en famille.

6. Maintenant, les jeunes écoutent la musique sur des lecteurs de disques compacts. Avant/à la radio.

B-3 La fin d'un amour

1. Maintenant, tu ne m'apportes plus le petit déjeuner au lit.
Avant tu ....*m'apportais*............... le petit déjeuner au lit.

2. Maintenant, tu ne regardes plus mes nouveaux vêtements.

3. Tu penses seulement à ta carrière.

4. Tu ne me regardes plus.

5. Tu ne me fais plus de jolis cadeaux.

6. Tu sors sans moi.

7. Tu admires les autres filles.

8. Tu ne me parles plus de toi.

Note culturelle
Die Cevennen liegen im südlichen Teil des Massif Central. Die Landflucht hat seit dem Zweiten Weltkrieg diese Mittelgebirgsregion sehr stark betroffen. In den siebziger Jahren hofften ein paar Aussteiger, dort ein neues Leben anfangen zu können. Trotz schöner Landschaft und viel Begeisterung waren die Lebensbedingungen für die meisten zu hart. Heute trifft man vor allem verlassene Dörfer, einsame ältere, kaum jüngere Menschen. Viele, die noch dort leben wollen, bleiben und versuchen durch Landwirtschaft und Tourismus diese Region lebendig zu halten.

PRATIQUE

C. Imparfait et passé composé

Il y **avait** de gros rochers tout blancs et un jour j'**ai glissé** et je **suis tombé** dans l'eau.

Es gab große, ganz weiße Felsen, und eines Tages bin ich ausgerutscht und ins Wasser gefallen.

J'**ai failli** me noyer, heureusement que j'**avais** pied parce que je ne **savais** pas **nager**.

Ich wäre beinahe ertrunken, Gott sei Dank konnte ich noch im Wasser stehen, denn ich konnte nicht schwimmen.

In einer Erzählung stehen «**passé composé**» und «**imparfait**» oft nebeneinander.

Das «**imparfait**» beschreibt den Rahmen (die Landschaft, das Wetter, die Hintergründe, wie die Leute aussehen, ihre Eigenschaften.)

Il y avait une rivière.
Je ne savais pas nager.

Die Situation, die auch eine Handlung sein kann.

Je voulais attraper une grenouille.

C-1 Voilà comment on raconte les histoires:

les événements sont au passé composé

1. Je veux dormir et tout à coup le téléphone sonne.

Je voulais dormir et tant à coup le téléphone a sonné.

2. Il est cinq heures du matin et je me lève.
3. Je vais au téléphone, c'est Benoit, un vieux copain.
4. Il a un gros problème. Je lui dit de passer chez moi.
5. Une heure plus tard, il est là. Il commence à me raconter sa vie.
6. Il a faim et soif, alors il mange et boit.
7. Il n'a plus d'argent. Je lui prête deux mille francs.
8. Benoit est si content qu'il commence à chanter et à danser.
9. J'en ai assez et je vais me coucher.
10. Quand je me réveille, Benoit a disparu.

C-2 Trouvez la situation et trouvez l'événement

1. Il faisait très beau quand je suis arrivé à Aubenas.
2. Je marchais tranquillement lorsque j'ai vu un sanglier.
3. Nous sommes rentrés à la maison parce qu'il pleuvait.
4. La ferme était en ruines quand nous avons décidé de la rénover.
5. Benoit est arrivé alors que nous dînions.

a) cadre – situation	b) action – événement
1.	....
2.	....
3.	....
4.	....
5.	....

THÉORIE

Das «**passé composé**» beschreibt: die Handlung als Ereignis, es ist etwas passiert – J'ai glissé

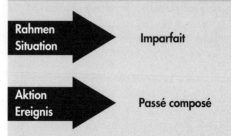

| Rahmen / Situation → | Imparfait |
| Aktion / Ereignis → | Passé composé |

Es geht nicht nur um die Anwendung einer grammatikalischen Regel, sondern auch um die Organisation der Rahmen und der Handlungen miteinander. Man erzählt eine Geschichte, die in einem bestimmten Zeitraum abgelaufen ist – wie eine Szene im Theater –, der Rahmen muß stehen, auch was die Leute gerade machen (alles im **imparfait**) und dann kommt das eigentliche Geschehen (im **Passé composé**).

Les petits mots qui introduisent l'action.
Ausdrücke, die die Handlungen einleiten

d'abord	ensuite	et alors
tout à coup	au moment où	c'est alors que
soudain	à ce moment-là	c'est justement ce que
quand	après ça	et finalement

C-3 Une grande aventure, racontez

1. Nous ...... *sommes partis* .... ce matin à six heures. Il ...... *faisait* .... encore nuit. 2. Après vingt kilomètres, nous … les voitures (laisser) et nous … à pied (continuer). 3. Le chemin … très étroit et dangereux (être). 4. A huit heures, le guide et mes trois compagnons … faire une pause (décider de). 5. Nous … chaud et soif (avoir). 6. Il y … beaucoup de moustiques (avoir). 7. Mais il … se dépêcher avant la grande chaleur de midi (falloir). 8. Nous … à la recherche d'un vieux monsieur disparu depuis deux jours (être). 9. Il … quatre-vingts ans (avoir) et il … la tête depuis un an (perdre) 10. Nous … à travers la forêt dans la montagne (marcher) quand nous … une plainte (entendre). 11. …-ce lui (être)?

Note culturelle

L'Europe et les paysans

Für die französischen Bauern sind Agrargesetze und Richtlinien der EG zu einer ständigen Bedrohung ihrer Existenz geworden. Viele Kleinbauern haben in den letzten Jahren ihre Betriebe aufgeben müssen. Um sich zu wehren, haben sich die Bauern in Interessenorganisationen zusammengeschlossen. Diese Bauernbewegung ist sehr kämpferisch und reagiert stark auf die Verordnungen aus Brüssel. Immer wieder kommt es überall in der Provinz und in Paris zu militanten Protestaktionen. Für Vertreter der Regierung ist es oft unmöglich, in der Provinz zu den Bauern zu sprechen. Sie werden mit Obst und Gemüse beworfen. Das knappe Ergebnis des EG-Referendums im Jahr 1992 zeigte, daß besonders die ländliche Bevölkerung in Frankreich der EG eher skeptisch und ablehnend gegenübersteht.

THÉORIE

D. Ça fait. ... que, il y a ... que, depuis

Ça fait longtemps **que** tout le monde est parti.
Es ist schon lange her, daß alle Leute weggezogen sind.

J'habite ici **depuis** toujours.
Ich wohne schon immer hier.

Il y a 10 ans **qu'**on a tout refait.
Vor zehn Jahren haben wir alles renoviert.

Depuis, il y a ... que, ça fait ... que bezeichnen eine Handlung, die in der Vergangenheit angefangen hat und sich in der Gegenwart weiter fortsetzt.

Depuis weist auf den Anfang in der Vergangenheit. Es kann überall im Satz stehen.

Ça fait ... que und Il y a ... que

1. bezeichnen einen vergangenen Zeitpunkt vom Standpunkt des Sprechenden aus.
2. bezeichnen den Anfangspunkt einer Zeitdauer.
3. werden mit **passé composé** oder **présent** verbunden.

Der Ausgangspunkt kann genau sein : **Il y a dix ans** oder ungenauer: **il y a longtemps.**

D-1 Il y a ou depuis

1. La vie est très calme ici *depuis* trois ans.

2. Nous y sommes allés *il y a* deux ans.

3. Je n'ai pas pris de vacances .... cinq ans.

4. .... six mois que j'habite ici.

5. Elle habite ici............................ toujours.

6. Martine n'a vu personne .... deux semaines.

7. Je l'ai rencontré .... un mois environ.

8. Il neige .... deux jours.

9. Je fais le même travail .... des années.

10. Elle a téléphoné .... quelques minutes.

11. .... mon arrivée en France, je suis malade.

D-2 Il y a, avant

1. Je lui ai téléphoné................ *il y a* .... une heure environ.

2. Je lui ai téléphoné .... *avant* .... de partir.

3. Il m'a écrit .... une semaine.

4. Il m'a écrit .... les vacances.

5. Madame Loiseau a acheté un nouveau frigo .... un an.

6. Madame Loiseau a acheté un nouveau frigo .... l'été.

7. J'ai commencé à aimer la région .... dix ans.

8. J'ai commencé à aimer la région .... l'arrivée des touristes.

SOUVENIRS, SOUVENIRS

THÉORIE

Il y a … que, ça fait … que, il y a drücken dasselbe aus.

Ça fait dix ans qu'on a tout refait.
Il y a dix ans qu'on a tout refait.
On a tout refait il y a dix ans.

ça fait	steht am Satzanfang.
il y a … que	steht am Satzanfang.
il y a	steht am Anfang oder am Ende des Satzes.

Il y a	**vor** (mit Vergangenheit)
il y a … que	**es ist … her, daß**
depuis	**seit**
ça fait … que	**es ist … her, daß**

Ne pas confondre:

Il y a + Zeitdauer	il y a trois jours
avant + Zeitpunkt	avant l'hiver avant de partir
il y a	es gibt
ça fait	das macht, das gibt

D-3 Il y a, avant, depuis

1. J'ai lu Sartre.............................longtemps.

2. Je ferme toujours le chauffage.....................

   de partir.

3. .... maintenant trois

   ans que je vis seul.

4. J'ai vu mes parents .... quel-

   ques mois.

5. Elle n'a pas téléphoné...............................

   bientôt quinze jours.

6. Il a acheté sa voiture.................................

   environ trois ans.

7. L'hôtel est ouvert .... l'été

   dernier.

8. Il est reparti en France...............................

   la fermeture de l'aéroport.

THÉORIE

E. La cause

Je n'aimais pas **parce que** j'avais peur des chèvres.
Ich mochte es nicht, weil ich Angst vor den Ziegen hatte.

Parce que ist eigentlich die Antwort auf die wirkliche oder gedachte Frage **pourquoi?**

J'ai rencontré un sanglier et **comme** j'ai crié, il s'est sauvé.
Ich bin einem Wildschwein begegnet, und als ich geschrien habe, ist es weggelaufen.

Comme bezeichnet die Gleichzeitigkeit zweier Handlungen.

Comme nos jeunes sont partis, les touristes ça fait de l'animation.
Da unsere Jugend weggegangen ist, ist es lebendiger mit den Touristen.

Comme als kausale Konjunktion bezeichnet die Ursache (oder den Grund).

C'est interdit **à cause des** incendies de forêt.
Es ist wegen der Waldbrände verboten.

à cause de steht vor Substantiven.

	Stellung
Anfang	**comme**
Anfang + Mitte	**comme**
Mitte	**parce que**
Vor Substantiv	**à cause de**

PRATIQUE

E-1 Dites pourquoi! N'oubliez pas le texte!

1. Pourquoi est-ce que le petit garçon est grondé par sa mère.

Parce qu'il est tout mouillé.

2. Pourquoi est-ce que le petit garçon n'aimait pas les Cévennes?

....

3. Pourquoi Caroline remercie-t-elle le voyageur?

....

E-2 Reliez avec «comme»

1. J'ai crié, il s'est sauvé.

Comme j'ai crié, il s'est sauvé.

2. On louait une ferme près de la rivière, je pouvais pêcher.

....

3. Il n'y avait plus de travail, ils sont partis.

....

4. Il neigeait, le docteur n'a pas pu venir.

....

5. Il est vieux, il ne partira plus.

THÉORIE

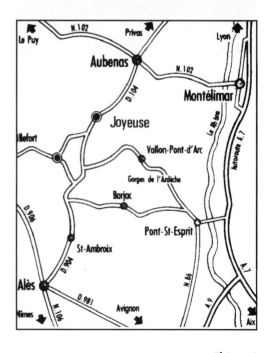

E-3 A cause de quoi?

1. Il faisait des cauchemars. A cause de quoi?

À cause des Loups-garous...

2. On a construit des hôtels et des campings./les touristes.

....

3. Le camping sauvage est interdit./les incendies.

....

4. Les gens ont quitté la région./le chômage.

....

E-4 Au choix

	comme	parce que	à cause de
1. Il a peur des chèvres … c'est un enfant.		X	
2. … il fait chaud, je vais à la rivière.			
3. Je n'aime pas le nord … il pleut toujours.			
4. Je ferme la fenêtre … des moustiques.			
5. … il est seul depuis longtemps, il a l'habitude.			
6. Je suis tombé… de la neige.			
7. Il regarde la télé … il est seul.			
8. … c'est lundi, il est parti au travail			
9. … les prix baissent, les châtaignes ne se récoltent pas.			

F. La voix passive

Après la guerre, les usines **ont été fermées.**
Nach dem Krieg sind die Fabriken geschlossen worden.

La chambre **est faite** tous les jours.
Das Zimmer wird jeden Tag saubergemacht.

Le chauffage **a été installé** par mon père.
Die Heizung ist von meinem Vater eingebaut worden.

Das Passiv unterscheidet sich von dem Aktiv durch drei Elemente.

Das Objekt wird Subjekt und umgekehrt

Mon père **a installé** le chauffage (Aktiv)
Le chauffage **a été installé** par mon père. (Passiv)

Das Passiv wird mit **être und participe-passé** gebildet. Es kann im présent, passé composé, futur, imparfait oder plus-que-parfait stehen.

La maison

est construite
a été construite
sera construite
était construite
avait été construite

Par oder de sagen aus, wer die Handlung vollzogen hat. In den meisten Fällen wird es aber ohne **par** gebildet.
Die Hilfsverben von «être» werden hier mit Formen von «werden» übersetzt.

F-1 Faire et dire les choses exactement!

(Théorie à la page 248)

1. On doit boire le vin blanc frais.

Le vin blanc se boit frais.

2. On écrit adresse avec un d.

....

3. On prend l'apéritif vers sept heures du soir.

....

4. On mange les huîtres avec les doigts.

....

5. On prend ses vacances au mois d'août.

....

F-2 Traduisez avec la voix passive

1. Das Restaurant ist verkauft worden.

.... *Le restaurant a été vendu.*

2. Die Zeitung wird sehr viel gelesen.

....

3. Sie wurde mitgenommen.

....

4. Das Haus ist verlassen worden.

....

5. Sie wird am Telefon verlangt.

....

6. Die Schulen sind geschlossen worden.

....

SOUVENIRS, SOUVENIRS

THÉORIE

Das Passiv wird im Französischen wenig gebraucht und wenn möglich durch «**on**» ersetzt.

oft gesagt	selten geschrieben
On a installé le chauffage.	Le chauffage a été installé.

Im Präsens:

On installe le chauffage.	Le chauffage est installé.
On regarde beaucoup la télé.	La télé est très regardée.

Le passif avec les verbes pronominaux.

Les produits **se vendent** mal.
Die Produkte verkaufen sich schlecht.
Ce vin rosé **se boit** frais.
Dieser Rosé-Wein wird kühl getrunken.
La tour Eiffel **se voit** bien ce matin.
Man sieht den Eiffelturm gut heute morgen.

Diese Form der reflexiven Verben wird benutzt, wenn das Objekt keine Handlung selbst durchführen kann.

Il ne **se laisse** pas **raconter** des histoires.
Er läßt sich keine Märchen erzählen.

Je **me** suis **fait gronder** par ma mère.
Ich bin von meiner Mutter ausgeschimpft worden.

Elle s'est **vue interdire** l'entrée.
Ihr wurde der Zugang verboten.

Il s'est **entendu dire** que la maison était vendue.
Es ist ihm gesagt worden, daß das Haus verkauft war.

Se laisser, se faire, se voir, s'entendre + Infinitiv werden für Personen in einer passiven Bedeutung gebraucht.

F-3 En allemand

1. Ça ne se voit pas.

....

2. Ça ne se fait pas.

....

3. Ça se mange avec du riz.

....

4. Ça se voit de loin.

....

5. Ça ne s'entend pas.

....

F-4 Dites-le autrement

1. Les jeunes ont abandonné la région.

.... *La région a été abandonée par les jeunes.* ....

2. Le père de Madame Loiseau a construit la maison.

....

3. Les parents de Thierry ont loué la vieille ferme.

....

4. Tous les enfants connaissaient le loup-garou.

....

5. La mère de Thierry a grondé Paul.

....

6. Le paysan occupe la vieille maison.

....

F-5 Remplacez par «on»

1. Le ménage est fait tous les jours.

.... *On fait le ménage tous les jours.* ....

2. Le français est parlé dans les magasins.

....

3. Les châtaignes sont ramassées en automne.

....

4. Le camping sauvage a été interdit.

....

G. Faillir

J'ai **failli** me noyer.
Ich wäre beinahe ertrunken.

Statt **faillir** verfehlen, beinahe tun, kann man **manquer de** benutzen. **J'ai manqué** de me noyer.
Faillir gehört zu den sogenannten unvollständigen Verben. Es wird meistens so konstruiert:

avoir failli (**passé composé**) + infinitiv

Avoir failli

j'ai	failli manquer le train
tu as	failli oublier l'invitation
il/elle a	failli dormir
nous avons	failli tomber
vous avez	failli m'oublier
ils/elles ont	failli pleurer

	+ ne pas	+ Infinitiv
j'ai failli	ne pas	la voir
tu as failli	ne pas	rencontrer Marie

La faillite ist von faillir abgeleitet.
Faire faillite (Konkurs machen)

G-1 Presque, mais pas réussi!

1. Il ne s'est pas noyé.

Mais ....*il a failli*............ se noyer.

2. Je n'ai heureusement pas eu d'accident.

Mais ....

3. Caroline n'a pas raté la gare de Montélimar.

Mais ....

4. Madame Loiseau n'a pas vu Caroline ce matin.

Mais ....

5. Le paysan ne s'est pas cassé la jambe.

Mais ....

G-2 Heureusement réussi

1. J'ai vu mes amis hier soir.

Mais ....*j'ai failli ne pas les voir.*..........

2. Madame Loiseau a rencontré sa sœur au le marché.

Mais ....

3. Elle est allée au concert de Dutronc.

Mais ....

4. J'ai retrouvé mon passeport.

Mais ....

5. Nous avons eu des billets pour le concert.

Mais ....

SOUVENIRS, SOUVENIRS   251

THÉORIE

Deux fois «Plein»

La maison est pleine, il n'y a plus de place.
Das Haus ist voll, es gibt keinen Platz mehr.

C'était en **plein** hiver.
Es war mitten im Winter.

Außer «voll» bedeutet **plein** auch in bestimmten Wendungen «mitten».

en **plein hiver**	mitten im Winter
en **plein été**	mitten im Sommer
en **pleine saison**	in der Hochsaison
en **plein jour**	am hellichten Tage
en **plein air**	unter freiem Himmel
en **plein soleil**	in der prallen Sonne
en **pleine rue**	auf offener Straße
en **pleine ville**	direkt in der Stadt
en **plein centre**	direkt im Zentrum
en **pleine mer**	auf hoher See

H. La question négative

Vous **n'aimiez pas** passer vos vacances là?
Sie haben nicht gerne Ihren Urlaub dort verbracht?
Si, on louait une ferme au bord de la rivière.
Doch, wir mieteten einen Bauernhof am Fluß.

Ça ne vous dérange pas les touristes?
Die Touristen stören Sie nicht?
Non, la saison est même trop courte.
Nein, die Saison ist sogar zu kurz.

Si – doch gibt eine bejahende Antwort auf eine **verneinende Frage**.
Non gibt eine verneinende Antwort auf verneinte oder auch bejahte Fragen.

G-3 Plein, pleine

PRATIQUE

1. Je vais toujours en vacances ...*en plein ...été...* parce que j'aime la foule.

2. Pour être bronzée, elle reste le plus longtemps possible ....

3. ...., je ne sors plus, il fait trop froid.

4. ...., les hôtels sont très chers.

5. Avec la lune, on voit tout comme ....
....

6. Avec ses chèvres, il est tous les jours ....
....

7. J'habite ....à côté des grands magasins.

8. Les banques sont situées en ....

9. J'ai perdu mon pantalon ....

H-1 Ne dites pas non! Dites si!

1. Vous n'aimez pas cette région? ...*Si, je viens très souvent.*

2. Est-ce que tu n'aimerais pas vivre dans les Cévennes? 3. Tu ne sais pas que je préfère le vin? 4. Vous ne mangez pas de dessert? 5. Tu ne vas pas te promener aujourd'hui? 6. Vous n'avez pas vu Madame Loiseau? 7. La rivière n'est pas trop froide pour nager?

H-2 Trouvez les questions

1. ...*Tu n'aimes pas le calme?*...............................

Si, j'aime le calme. 2. Si, je vais à Paris assez souvent. 3. Si, tu as raison. Allons à pied. 4. Si, je la connaissais très bien. 5. Si, je suis triste de partir. 6. Si, Adrien est sorti. 7. Si, nous avons vu Caroline. 8. Si, j'ai payé la facture.

SOUVENIRS, SOUVENIRS

THÉORIE

I. «Oh que non, oh que oui!»

Ça ne vous dérange les touristes?
Oh que non, la saison est trop courte!

Oh que oui, oh que non wird in der Umgangssprache benutzt, um eine Antwort zu verstärken.

«**Pour être calme**, c'est calme!»
Für einen ruhigen Ort, ist es ruhig!

Um den Ausdruck von Eindrücken oder von Gefühlen zu verstärken, kann man die Wörter wiederholen, wenn's auch blöd klingt.

Pour être idiot, il est idiot!
Für einen Idioten, ist er ein ganz schöner Idiot!

Pour faire froid, il fait froid!
Dafür daß es kalt ist, ist es wirklich kalt!

être installé – s'installer – installer

Vous êtes bien **installée?**
(Zum Gast) Haben Sie alles, was Sie brauchen?

Le chauffage a été **installé** par mon père.
Die Heizung wurde von meinem Vater eingebaut.

être installé:

Platz nehmen, sich häuslich einrichten:
Je suis bien **installé**
Ich fühle mich wohl hier, ich habe mich gut eingelebt.
Ich sitze gut (auch beim Zahnarzt).

s'installer:

seinen Platz nehmen, sich woanders niederlassen:
Je m'installe dans une nouvelle ville

Umgekehrt: «**je ne suis pas installé**» soll bedeuten, daß noch alles provisorisch eingerichtet ist.

installer quelque chose: einen Gegenstand hinstellen, errichten, einrichten, einbauen.

I-1 C'est comment?

1. Et la montagne, c'est calme?

Oh si, pour être calme, c'est calme.

2. Et la vie à Paris, c'est cher?

3. Et Paul, il est intelligent?

4. Et le film, c'était ennuyeux?

5. Et dans les Cévennes, il fait chaud?

6. Et Catherine, elle est mignonne?

7. Et ton oncle, il est riche?

8. Et le camping, ça rapporte?

I-2 S'installer, installer

1. Je .... *m'installe* .... sous les châtaigniers. (présent)

2. Il .... l'électricité. (présent)

3. Elle .... dans la chambre de Madame Loiseau. (passé composé)

4. Tu .... la porte du mauvais côté. (passé composé)

5. Nous .... tous les jours devant la porte. (imparfait)

6. Elle .... le bébé dans sa voiture. (passé composé)

ESPACE
— *non* —
FUMEUR

ÉCOUTEZ

Ecoutez chaque dialogue deux fois et répondez aux questions.

Vrai (v) ou faux (f).

	v	f

Dialogue 1: Au marché

1. Monsieur Deslauze est parti depuis trente ans. ☐ ☐
2. Il est marié. ☐ ☐
3. Mme Loiseau a vu Mme Deslauze il y a dix ans. ☐ ☐
4. Le marchand de légumes est étonné. ☐ ☐
5. M. et Mme Deslauze vont habiter dans une maison neuve. ☐ ☐
6. On refait une terrasse. ☐ ☐
7. Mme Loiseau trouve bien de rénover la maison. ☐ ☐
8. Mme Loiseau achète des pommes de terre. ☐ ☐

Dialogue 2: Entre amis

1. Caroline a rencontré un vieux monsieur. ☐ ☐
2. Le vieux monsieur habite avec ses enfants. ☐ ☐
3. Caroline aimerait acheter une maison. ☐ ☐
4. Caroline voudrait vivre toute l'année dans cette maison. ☐ ☐
5. Paul a failli acheter une grande ferme. ☐ ☐
6. Des Allemands ont acheté la ferme. ☐ ☐
7. La ferme était bon marché. ☐ ☐
8. Le vieux monsieur va montrer des maisons à Caroline. ☐ ☐

Prononciation

Mettez la cassette, appuyez sur le bouton, écoutez et répétez chaque mot.

Les mots avec «ent, ant, an, en»

heureusement, finalement, vraiment, longtemps, seulement, parents, les gens, en voulant, en revenant, maintenant, pourtant, le paysan, blanc

Ecoutez les expressions et répétez. Les petits mots de la conversation.

bien sûr que non! – mais si! – moi, vous savez – alors – ah, tiens – alors, ça y est! – oh que non – bon, il faut que j'y aille – oh là, là, là – ben, je suis resté – c'est comme ça.

Mini-dialogues

A. Comme **on a chaud**, qu'est-ce qu'on peut faire?

B. On pourrait **aller se baigner.**

1. Avoir chaud/aller se baigner.

2. Etre sportif/faire du ski.

3. S'ennuyer/aller boire un pot.

4. Ne pas comprendre/prendre le dictionnaire.

5. Plus d'argent/faire la récolte des abricots.

6. Aimer le calme/louer une maison dans les Cévennes.

A. Quand tu **étais enfant**, comment étais-tu?

B. (Quand j'étais enfant, j'**étais intelligent**)

1. Etre enfant/être intelligent.

2. Avoir vingt ans/être rêveur.

3. Vivre en Afrique/aimer les lions.

4. Etre jeune/sortir tous les soirs.

5. Fumer/être moins riche.

6. Etre sportif/être plus en forme.

7. Sortir avec Paul/être très fier.

8. Travailler à l'usine/être toujours fatigué.

La recherche des mots

Animaux et produits des Cévennes.

Vous pouvez trouver une douzaine de mots de fruits, de légumes, d'animaux ou de produits dans le sens vertical, horizontal et diagonal.

```
    a b c d e f g h i j k l m n o p q r s
1   h x t b c h â t a i g n e r s d e r b m
2   a s o i e v h g e f i c h è v r e j g i
3   v n m b t e u z i x r u v d w q k s t e
4   b z a b r i c o t y t b m e t y r f r l
5   j e t h e z l m n t a i l u l d v i n p
6   g r e n o u i l l e p r l o u p x g z a
7   d g u s f e x s a n g l i e r x a u f i
8   m t c h a m p i g n o n f g t z s e t n
```

Maxi-dialogues

1. A veut acheter une maison à la campagne. **B** trouve l'idée stupide. **A** veut inviter **B** pour lui montrer les avantages de la vie à la campagne.

2. A raconte son enfance dans un petit village. **B** raconte son enfance en ville. Ils comparent.

3. A et **B** racontent à **C** leurs vacances dans une vieille ferme dans le sud de la France. **C** préfère aller au Club Med. Chacun veut convaincre l'autre.

LECTURE

UNE HISTOIRE DE LA VIE

conduire
führen
le troupeau
Herde
la terre
Erde
le pays
das Land (→Stadt)
sauf
außer
les vendanges (f)
Weinlese
le chien
Hund
caresser
streicheln
mener
führen
l'image (f)
Bild
le secret
Geheimnis
vieillir
altern
pousser
wachsen
abandonner
verlassen
construire
bauen
le paysan
Bauer
élever
aufziehen

Hier, il a conduit son troupeau dans la montagne. En bas, la rivière coulait comme toujours entre les rochers. Depuis qu'il était enfant,il aimait entendre la rivière. Il l'écoutait en gardant les chèvres.

Louis est né il y a quatre-vingts ans dans le village où il habite encore. Il a vécu avec sa mère et sa sœur. Pour vivre, on lui a donné un coin de terre dans une petite vallée et quelques chèvres. Il n'a jamais quitté la région, sauf pour aller à la guerre, pour le voyage à Paris, pour son mariage et pour faire les vendanges dans le sud. Il était alors encore jeune. Maintenant il marche difficilement. La vie a passé si vite. En marchant, son chien s'est mis contre lui pour être caressé et peut-être parce qu'il comprend.

Hier, c'était la dernière fois que lui et son chien menaient ensemble le troupeau. Il devrait être content de quitter cette vie dure où la terre donne si peu. Ils étaient un millier à vivre ici, il y a soixante ans. Maintenant, il ne reste que trente maisons habitées. Il pense à ses voisins, les souvenirs reviennent. Chaque nom rappelle une personne, des images, des fêtes, des secrets, des choses heureuses, des choses tristes.

Le pays a vieilli vite. Tout pousse maintenant sous les châtaigniers. Les terres sont abandonnées. La forêt reprend sa place. Après l'hiver, l'été, avec les différences de température, tout tombe dans les maisons qui avaient l'air d'être là pour toujours. Avant, ils étaient des dizaines à l'école. Ses trois enfants y sont allés aussi avant de quitter le pays pour chercher ailleurs une vie moins dure.

Aujourd'hui un architecte allemand a acheté des maisons abandonnées. Il va construire des terrasses pour que les gens profitent du soleil et de l'air. Les maisons ne sont plus des maisons de paysans mais des maisons pour les vacances et non plus pour travailler la terre ou élever les chèvres. Ce sont des maisons pour touristes et pour anciens habitants nostalgiques.

Louis s'est installé devant sa porte. Il laisse passer toutes les images de sa vie en caressant son chien.

Compris?

Vrai (v) ou faux (f)?

	v	f
1. Le paysan conduit son troupeau dans les montagne.	☐	☐
2. Il est seul avec son chien.	☐	☐
3. Il a fait beaucoup de voyages dans sa vie.	☐	☐
4. Il a eu six enfants.	☐	☐
5. Beaucoup de maisons sont abandonnées.	☐	☐
6. Les enfants de Louis sont restés au village.	☐	☐
7. Au début du siècle, il y avait un millier d'habitants.	☐	☐
8. Louis se souvient des gens.	☐	☐
9. L'architecte allemand construit une terrasse pour Louis.	☐	☐
10. Les gens viennent au village pour travailler.	☐	☐

A vous!

1. Vous auriez envie de vivre à la campagne?
2. Ça vous plaîrait de travailler comme paysan?
3. C'est bien les touristes dans les villages abandonnés?

SOUVENIRS, SOUVENIRS

TEST 3

1. Compréhension orale

Vous écoutez les phrases. Choisissez la bonne réponse.

1. a. C'est très gentil de ta part.
   b. Mon appart est super.
   c. Je n'ai pas de fric.

2. a. Tu travailles trop.
   b. Tu as un travail bien payé.
   c. Ne t'en fais pas, tu vas trouver un boulot.

3. a. Je n'ai pas de permis.
   b. J'ai terminé mes études.
   c. J'ai travaillé dans une banque.

4. a. J'aime beaucoup la mer.
   b. Il faut habiter à la campagne.
   c. Le bruit me rend malade.

5. a. Je ne la connais pas.
   b. C'est près de la rivière.
   c. Oui, assez bien.

6. a. Moi, je vais à l'hôtel.
   b. Parce qu'il fait trop froid.
   c. A cause des incendies.

7. a. Moi, j'ai aussi vendu ma voiture.
   b. C'est super! Elle est grande?
   c. Moi, j'achète toujours du fromage de chèvre.

8. a. Non, j'emmène tout à Paris.
   b. Ah mais oui, c'est tellement beau ici.
   c. Oui, je vais au marché tous les samedis.

2. Une petite conversation

Vous écoutez une petite discussion. Ecoutez deux fois et répondez aux questions.

1. L'acheteur est
   a. Allemand
   b. Parisien
   c. Hollandais

2. L'acheteur veut acheter la ferme parce que
   a. Il veut devenir paysan.
   b. Il cherche un appartement.
   c. Il aime la nature.

3. La ferme coûte
   a. quatre cent mille francs nouveaux.
   b. trois millions nouveaux.
   c. quatorze millions anciens.

4. Près de la ferme, il y a
   a. une forêt.
   b. une piscine.
   c. une rivière.

5. L'acheteur veut construire
   a. une terrasse.
   b. une tour.
   c. un pont.

6. Finalement le paysan veut
   a. offrir la ferme.
   b. vendre pour cinquante millions.
   c. construire une piscine.

3. Faites votre choix

1. Vincent passe le week-end ... la campagne.
   a. dans
   b. à
   c. en

2. Camille est partie ... France.
   a. en
   b. pour
   c. à

3. Les Dubois passent leurs vacances ... la côte.
   a. à
   b. dans
   c. sur

4. Je vais acheter du parfum ...
   les quatre-vingts ans de ma femme.
   a. pour
   b. avec
   c. chez

5. Nous avons parlé ... Philippe.
   a. sur
   b. de
   c. vers

6. Je vais réfléchir ... la question.
   a. sur
   b. de
   c. à

7. Il est allé ... le boulanger.
   a. pour
   b. chez
   c. sans

8. Il faut arriver ... dix heures.
   a. de
   b. avant
   c. sur

9. Tu as arrêté ... fumer?
   a. avec
   b. à
   c. de

4. Le subjonctif

Ecrivez les phrases en changeant la personne.

1. Je ne pense pas que **nous** puissions venir.

Je ne pense pas que les enfants ....

....

2. Il est important que **je** sache le français.

Il est important que nous...

....

3. Je ne crois pas qu'**il** veuille travailler.

Je ne crois pas que les femmes ....

....

4. C'est dommage que **tu** n'ailles pas à la soirée.

C'est dommage que vous ....

....

5. Les écologistes ont peur que **l'eau** soit polluée.

Les écologistes ont peur que les plages ....

....

5. Tout ou toute?

1. La maison est .... rose. **2.** Il se baigne .... nu.

3. .... la famille habite encore dans la ferme. **4.** On a

.... refait l'année dernière. **5.** Elle veut toujours ....

avoir. **6.** J'ai visité .... la ville. **7.** Nous avons ....

dit. **8.** Les nuages sont .... gris.

6. Imparfait ou passé composé?

1. Comme il .... (faire) beau, nous ....

.... (aller) nous promener. 2. Je ....

(nager) dans la rivière quand il .... (commen-

cer) à pleuvoir. 3. Jules .... (lire) sur la terrasse au moment où Monsieur

Dufour .... (arriver). 4. Tout à coup l'orage

.... (éclater), pourtant le ciel ....

(être) encore bleu. 5. Nous .... (déjeuner) dans le

jardin, et c'est alors que la dispute entre Jean et Marianne ....

.... (commencer).

7. Il y a ou depuis?

1. Je le connais .... cinq ans.

2. Elle travaille aux marchés .... quelques mois.

3. J'ai acheté ce livre .... deux ans.

4. Le chauffage a été installé .... dix ans.

5. J'attends la pluie .... deux mois.

6. Ils se connaissent .... leur enfance.

7. .... si longtemps que je ne l'ai pas vu.

8. Voix passive

Mettez à la voix passive les phrases suivantes

1. Ils ont fermé les portes vers huit heures.

....

2. On a ouvert un nouveau camping.

....

3. On boit le vin blanc frais.

....

4. Paul a vu Véronique dans une boîte de strip-tease.

....

5. Un architecte hollandais a construit cette maison bizarre.

....

6. En Provence, les touristes achètent beaucoup de vieilles maisons.

....

Französisch – Deutsch

Dieses Glossar führt alle Wörter auf, die in diesem Buch vorkommen. Es will und kann kein Wörterbuch ersetzen und gibt immer nur diejenige deutsche Bedeutung an, die in dem jeweiligen Zusammenhang gilt, in dem das entsprechende Wort vorkommt.

> **1-6** Nummer des Thème, in dem das Wort zum ersten Mal erscheint
> **T** Wort in Théorie oder Pratique
> **L** Wort in Lecture
> ◊ stark umgangssprachlich
> ⟨!⟩ vulgärsprachlich.

A

à part außerdem **4**, außer **5**

à propos apropos **3**

abandonner verlassen **6L**

abonnement Abonnement **4**

absent abwesend **4L**

absolument unbedingt **4**

absolument pas überhaupt nicht **3T**

accélération Beschleunigung **3**

accord, se mettre d'- sich einigen **1T**

accrocher ◊ auffangen, **3**

admiration Begeisterung **2T**

adolescent Jugendlicher **3T**

affreux, -euse fürchterlich **6**

agacer ◊ auf den Wecker gehen **4**

âge Alter **3L**

agenda Notizbuch, Kalender **2**

agent (m) de la qualité de l'eau Wasserbeauftragter **5**

agir, s'- de sich handeln um **4**

air Luft **2**

air, en plein - unter freiem Himmel **6T**

aise, se mettre à l'- es sich bequem machen **1T**

allemand, -e deutsch **3**
aller, s'en- weggehen **4**
allô Hallo (am Telefon) **2**
amabilité Freundlich-
    keit **1**
amant Liebhaber **3**
améliorer, s'- sich
    verbessern **6**
ami, -e Freund,-in **4L**
amoureux, -euse
    verliebt **3**
amuser, s'-
    sich unterhalten,
    sich amüsieren **4**
an (m) Jahr **5**
ancien alt **6**
Anglais,-e Engländer,
    -in **3**
angoisse Angst **3**
année Jahr **1**
ANPE (f) (Agence
Nationale Pour
l'Emploi) Arbeitsamt **5**
anti-rides gegen Falten **2**
appareil Apparat **2**
appart ◊ Wohnung **3**
appartenir à dazu-
    gehören **2T**
apporter mitbringen **6**
approuver bejahen **3T**
après nach **5**
après ça daraufhin **6T**
architecte Architekt **6L**
arracher herausziehen **3**
arrière-grands-parents
    Urgroßeltern **6**

arriver wiederfahren **2L**
arriver à es schaffen **4**
assez, en avoir - de
    genug von etwas
    haben **2**
association Verein **3L**
attention, faire-
    sich in acht nehmen,
    aufpassen **2**
attraper fangen **6**
au bout du fil am
    Apparat **2**
au moins mindestens **4L**
au moment où in dem
    Moment, als **6T**
augmenter steigern **1**
autoriser erlauben **3T**
autre chose etwas
    anderes **1**
autrefois früher **6**
avance, en- zu früh **2**
avant davor **6T**
avec qui mit wem **1**
avenir Zukunft **2T**
avocat Rechtsanwalt **4L**
avoir des nouvelles de
    etwas hören von **5**
avoir l'air aussehen **3**
avoir l'air malin dumm
    dastehen **2**
avoir le blues ◊
    schlecht drauf sein **3**
avoir marre, en - es satt
    haben **4**

B

bagnole ◊ Karre **3**
baiser ◊ bumsen **3**
bal Tanz **1L**
balader, se- spazie-
    ren- gehen **6**
banc (m) Bank **1T**
banque Bank **3L**
bargeot ◊ daneben
    sein **3**
bas Strumpf **1**
bavard, -e geschwät-
    zig **1**
bavarder schwätzen **2**
beauf ◊ , **beau-frère**
    Schwager **3**
béton tomber (verlan) **3**
bicyclette, faire de la-
    radfahren **1T**
bienvenue
    Willkommen **2T**
bois Holz **6**
boîte ◊ Firma, Disko **3**
boîte, mettre en-
    necken **1T**
bombe glacée Eisbom-
    be **2L**
bosser ◊ arbeiten **5**
bouffe ◊ Essen **2**
boulot ◊ Arbeit **2T**
bouquin ◊ Buch **1**
bout Ende **2**
brasserie Lokal
    zwischen Kneipe und
    Restaurant **5L**
break ◊ Pause **3T**

bricoler 5 basteln **5**
brièvement kurz **2T**
brosser, se - les dents sich
die Zähne putzen **1T**
bruit Krach **1 T**

C

ça alors! so was! **2**
ça dépend es kommt
darauf an **1**
ça fait ... que es ist ...
her, daß **6T**
ça roule ◊ es läuft gut **3**
ça veut dire das
bedeutet **4**
cadre leitender
Angestellter **5L**
café, faire le - Kaffee
kochen **1T**
câlin verschmust **4**
câlins, faire des -
schmusen **1T**
calme ruhig **6**
campagne das Land
(im Gegensatz zu
Stadt) **4L**
**CAP, certificat
d'aptitude profes-
sionnelle** Facharbei-
terbrief **5**
car Bus **6**
caresser streicheln **6L**
cas Fall **5**
cas, en tout - auf
jeden Fall **3**
casse-pieds ◊
Nervensäge **2T**

casser, se - ◊ abhauen **4**
cassette Kassette **1**
cauchemar Alptraum **6**
cause, à - de wegen **6**
ceinture de sécurité
Sicherheitsgurt **3T**
célèbre berühmt **2T**
celle diese **3L**
centre, en plein - direkt
im Zentrum **6T**
certainement bestimmt **4**
certains manche **6**
cesse, sans - ununterbrochen **1**
**CFI, crédit formation
individualisée** vom
Arbeitsamt gewährter
Kredit für Umschu-
lung **5**
CGT linke
Gewerkschaft **3**
chais pas ◊ ich weiß
nicht **4**
Chambre d'agriculture
Landwirtschaftskam-
mer **6**
chambre d'hôte
Fremdenzimmer **6**
changer sich verändern
1. ändern 2. wech-
seln **4L**
charger laden **6**
châtaignier Kastanien-
Baum **6**
chaud warm **1**
chauffage Heizung **6**

chercher, aller -
abholen **2**
cheville Knöchel **6**
chien Hund **6L**
chômage Arbeitslosig-
keit **5**
chômeur Arbeitsloser **5**
ciné ◊ Kino **3**
claquer knallen **2T**
clic Knacklaut sogar im
drahtlosen Telefon **4**
climatisation Klima-
Anlage **3**
clocher ◊ nicht
stimmen **4**
cœur Herz **1L**
cœur battant mit
Herzklopfen **1L**
coin Ecke, Umgebung **6**
colère, se mettre en -
in Zorn geraten **1T**
comme als **5**
commune Gemeinde **5**
communication
Kommunikation **1L**
compact CD **1**
comprendre
verstehen **1 T**
compter zählen **5L**
con ⟨!⟩ Arschloch **4**
**con, prendre pour
un -** ◊ für dumm
verkaufen **4**
conduire führen **6L**
confondre
verwechseln **1**

congélateur Tiefkühl-
truhe **2**
connaissance, faire -
kennenlernen **1T**
connerie ◊ Blödsinn **5**
conseil Ratschlag **2T**
consommation
Verbrauch **3**ₜ
conseil Ratschlag **2T**
consoler trösten **5**
consommation
Verbrauch **3T**
consommer verbrau-
chen **3**
construire bauen **6L**
contact Kontakt **2**
content zufrieden **3**
contrat Vertrag **5**
contre gegen **1**
contredire wiederspre-
chen **3T**
convaincre über-
zeugen **2T**
conversation Ge-
spräch **3L**
copie (f) Kopie **5T**
coq Hahn **2L**
correspondant Ge-
sprächspartner (am
Telefon) **2T**
correspondre à
entsprechen **5**
côte méditérrannéenne
Mittelmeerküste **5**
coucher, se - ins Bett
gehen **1T**
coupe Glas **2L**

coupe Haarschnitt **3**
courage Mut, Eifer **3**
courant, mettre au -
informieren **1T**
court, -e kurz **6**
craquant ◊ attraktiv **4**
craquer ◊ ausflippen **3**
crédit Kredit **6**
Crédit Agricole Name
einer Bank **3**
créer schaffen, gründen **5**
crème, se mettre de la -
sich eincremen **1T**
créneau Marktlücke **5**
crevé ◊ fix und fertig **3**
critiquer kritisieren **4T**
croquer anbeißen **3**
cuir Leder **2**
cuisinière Köchin **2L**
curieux neugierig **2T**
CV (curriculum vitae)
Lebenslauf **5**

D

d'abord zuerst **6T**
d'après nach **1L**
dans le cadre de im
Rahmen von **5**
de la part de von **2T**
de ta part von dir **5**
débarrasser (se)
ablegen **2T**
débile idiotisch **2**
décalage horaire
Zeitverschiebung **2**
déchet Abfall **5**

déconner ◊ spinnen **4**
décrocher abnehmen
(Hörer) **2**
défendre, se - sich
wehren **4T**
dégoutânt widerlich **1**
délicieux, -euse
köstlich **2**
dément wahnsinnig **2**
demi ein Halbes (Bier) **3**
dentifrice Zahnpasta **4T**
dépannage Ab-
schleppdienst **3T**
dépendre de darauf
kommen **3T**
déprime ◊ Depression **5T**
déprimer deprimieren **5T**
depuis seit **1**
dernière, la - das
Neueste **3**
désespérer verzweifeln **5**
détester ablehnen **T2**
détourner ausweichen **4**
devenir werden **1**
différent unterschied-
lich **3L**
diplôme Abschluß **5**
directeur Leiter **3**
direction Lenkung **3**,
Richtung **6**
disponible zu Verfü-
gung stehen, offen **5**
dispute Streit **2**
divers verschiedenes **5T**
divorce Scheidung **4L**
dizaine ca. 10 **1**

donc also, folglich **5**
dont deren **3**
dormir schlafen **1 T**
dossier Akte **5**
doucement langsam **3**
doucher, se - sich
  duschen **1T**
doute Zweifel **3T**
doute, sans - zweifellos **3**
douter zweifeln **3T**
draguer ◊ anmachen **1L**
droit, avoir le - **de**
  Recht haben auf **4**
du moins zumindest **3**

E

eau de vie Schnaps **2T**
éboueur Müllmann **5**
éboueur de la mer
  Strandarbeiter **5**
éclater, s' - ◊ sich
  austoben **3**
écologiste Umwelt-
  schützer **3T**
effectivement in der Tat **3**
égoïste Egoist **4**
élection Wahl **1 T**
élevage (Auf-)Zucht **6**
élever aufziehen **6L**
emballe, ne t'- pas ◊
  bleib ruhig, be cool **4**
emballer ◊ anmachen **3**
embaucher einstellen **5**
embrasser, s'-
  umarmen, küssen **2**
emmener mitnehmen **3**

empirer schlimmer
  werden **1**
emploi Arbeitsplatz
emploi (m) stable fester
  Arbeitsplatz **5**
employé,-e
  Angestellte(r) **1**
en baisse fallend **5T**
en hausse steigend **5T**
en plus dazu **5**
enceinte schwanger **3**
énerver auf den
  Wecker gehen **1**
enfer Hölle **3**
enflé geschwollen **6**
enlever auflesen,
  wegnehmen **5**
ennuyer stören,
  belästigen **1**
ensuite dann, danach **6T**
entendre hören **3**
entendre dire sagen
  hören **3**
entraîneur Trainer **3**
entretien d'embauche
  Einstellungsgespräch **5**
environ ungefähr **1**
environnement (m)
  Umwelt **5**
éponge Schwamm **3T**
époque , à l' - damals **6**
époque, à cette - **là**
  zu der Zeit **6T**
équipe Mannschaft **3**
espagnol,-e spanisch **1 T**
espèce (f) Art von …
  (verstärkt das
  Schimpfwort) **4**

essence Benzin **3T**
essence normale sans
plomb Normal
  bleifrei **3T**
et alors und dann **6T**
Etat Staat **2L**
état Zustand **1**
été Sommer **2**
été, en plein - mitten
  im Sommer **6T**
étonnant erstaunlich **2**
étonner, s'- erstaunen
  3, sich wundern **3T**
étranger Ausländer **3**
être à l'heure pünkt-
  lich sein **2T**
être au chômage
  arbeitslos sein **5**
être au courant
  Bescheid wissen **3**
être content de sich
  freuen über/auf **5**
être filé eine Masche
  (im Strumpf) haben **1**
être occupé beschäftigt
  sein **1**
études (f) de biologie
  Biologiestudium **5**
exception Ausnahme **3T**
expérience (f) profes-
sionnelle Berufserfahrung **5**
expliquer erklären **2**
exploiter bewirtschaften **6**
express Espresso **2T**
exprès absichtlich **1**

F

façon, de toute - auf jeden Fall **3**
facteur Briefträger
faillite, faire- Konkurs machen **6T**
faire de l'auto-stop trampen **5T**
faire, s'en- sich Sorgen machen **5T**
faire partie de gehören zu **1T**
faire du ski Ski fahren **1T**
faire de la bicyclette radfahren **1T**
faire le café Kaffee kochen **1T**
faire la vaisselle Geschirr spülen **1T**
faire des câlins schmusen **1T**
faire le ménage putzen **1T**
faire partie de gehören zu **1T**
faire connaissance kennenlernen **1T**
faire la manche betteln **5**
faire, se faire- sich machen lassen **3**
faire une tête ◊ komische Miene ziehen **2**
fatiguer ermüden **2**
faute Fehler, Schuld **1**
fax Fax **1**
fée Fee **4T**

fenêtre Fenster **2**
fermer zuschließen **2T**
ferme Bauernhof **6**
feu, faire du - Feuer machen **6**
ficher le camp ◊ abhauen **4T**
ficher la paix ◊ in Ruhe lassen **2T**
fidèle treu **4L**
figurer, se - sich vorstellen **3**
filer ◊ donner **3**
filtre Filter **4**
fin , à la - langsam, schließlich **4**
finalement zum Schluß **6T**
financer finanzieren **2L**
finir par am Ende tun **4L**
flacon Fläschchen **4**
flasher sur ◊ total abfahren auf **3**
fleur Blume **2**
flexible flexibel **5L**
flipper ausflippen **3**
flop ◊ Mißerfolg **3T**
fois (f) Mal **4**
fois, des - ◊ manchmal **6**
foot Fußball **3**
formation Ausbildung, Fortbildung **1**
forme, en - in Form **3**
fort stark **5T**
fouler verrenken **6**

foutre le camp ◊ abhauen **4T**
fric ◊ Geld, Kohle **5**
froid kalt **1L**
fumeur Raucher **5**
furieux,-se wütend **2L**

G

galère ◊ Strapaze, Unannehmlichkeit **1**
garde, mettre en - warnen **1T**
garder behalten **3**
gazole sans plomb Diesel bleifrei **3T**
géant riesig **3**
gêner stören **4**
gens Leute **1L**
gentillesse Anmut **2T**
giga ◊ riesig **2**
glaçon Eiswürfel **2T**
glisser rutschen **6**
gonfler ◊ jmd. auf den Geist gehen **1**
gosse ◊ Göre **3**
goût Geschmack **3**
goûter probieren **2**
goûter Vesper, Jause **6**
grâce à dank **3**
grenouille Frosch **6**
gronder ausschimpfen **6**
groupe Gruppe **1L**
guerre Krieg **6**
gueule ‹!› Maul, Fresse **4**
gueule, faire la - ◊ eine Fresse ziehen **4**

H

habituer, s'- à sich daran gewöhnen

hein unübersetzbarer gallischer Füllaut 1

hélas leider 2

heure de pointe Stoßverkehrszeit 1

heureusement glücklicherweise 2L

heureux, -euse erfreut 1

histoire Geschichte 2

hiver Winter 6

hiver, en plein - mitten im Winter 6T

honneur Ehre 4

hôpital Spital 5L

huître Auster 2T

humeur Laune 4T

humour Humor 4T

I

idiot, -e Idiot/in 4T

il faut man muß, es ist notwendig, man braucht 2

il vaut mieux es ist besser 4L

il y a vor 6T

il y a ... que es ist ... her, daß 6T

image (f) Bild 6L

imaginer, s'- sich vorstellen 4

immédiatement sofort 5T

important wichtig 1 T

improviser improvisieren 2

incapable unfähig 2

incendie Brand 6

inconnu unbekannt 4T

indispensable unerläßlich, notwendig 5

infiniment unendlich, sehr 5

injure (f) Beleidigung 4L

installer einbauen 6

installer, s'- Platz nehmen 2

insulte Schimpfwort 4T

intellectuel(le) intellektuell 2

interdire verbieten 6

intérêt Interesse 4L

irrégulier unregelmäßig 1T

isolé isoliert 6

italien, -ne italienisch 3

IVG, interruption volontaire de grossesse freiwilliger Schwangerschaftsabbruch

J

j'en ai marre ◊ ich habe die Schnauze voll 5

jalousie Eifersucht 4

jaloux, -ouse eifersüchtig 4L

jeter wegwerfen 5

jeter un coup d'œil sur einen Blick werfen auf 1

joindre erreichen 2T

joueur, -euse Spieler 3

jour, de - en jour von Tag zu Tag 1

jour, en plein - am hellichten Tage 6T

juste nur, richtig 1, gerade, direkt 6

justement gerade 1

L

laboratoire pharmaceutique pharmazeutisches Labor 5T

laisser tranquille in Ruhe lassen 4

langue Sprache 3L

laser Compact Disk 3

laver, se - sich waschen 1T

Les Vans Kleinstadt im Département Ardèche 6

lettre de candidature Bewerbungsschreiben 5T

lever, se - aufstehen 1T

liberté Freiheit 2

littoral Küstengebiet 5

loger, se - wohnen 6

loisirs (m) Freizeit 5T

longtemps lange (Zeit) 4

look ◊ Aussehen 3T

louer mieten, vermieten 6

loup-garou Werwolf 6

lunettes, mettre ses-
seine Brille auf-
setzen **1T**

M

macho Chauvi **4T**
mais enfin aber sag
mal **1**
mal schlecht **2**, weh **4L**
malin schlau, geschickt **1**
marche, mettre en - in
Gang bringen **1T**
marié verheiratet **5**
mec Typ **2**
médecin Arzt **3L**
méditer meditieren **2**
meilleur, e besser **3**
membre Mitglied **3L**
même pas nicht mal **5**
même, la - dieselbe **1**
menacer bedrohen **4**
ménage, faire le -
putzen **1T**
mener führen **6L**
mer, en pleine - auf
hoher See **6T**
merveilleux, -euse
wunderbar **2**
message Nachricht **2T**
mettre draufkleben,
stellen, stecken,
anziehen **1**
mettre en boîte
necken **1T**
mettre au courant
informieren **1T**

mettre en marche in
Gang bringen **1T**
mettre à la porte
hinauswerfen **1T**
mettre la table den
Tisch decken **1T**
mettre en garde
warnen **1T**
mettre en question in
Frage stellen **1T**
mettre ses lunettes
seine Brille aufsetzen **1T**
mettre à l'aise, se -
es sich bequem
machen **1T**
mettre d'accord, se -
sich einigen **1T**
mettre en colère, se-
in Zorn geraten **1T**
mettre de la crème -se
sich eincremen **1T**
meuble Möbel **3**
micro-ondes Mikro-
welle **2**
mignon, -ne süß **1 T**
milieu Milieu **3L**, Mitte **4T**
militer aktiv sein
(in einem Verein,
Partei usw.) **5**
millier Tausend **5L**
million Million **1L**
minable null **4T**
minette ◊ Mädchen,
Mieze **3**
Minitel französisches
Btx-System **4**

mobile mobil **5L**
moment, à ce - là
gerade dann **6T**
monastère Kloster **2**
monstre Monster**4T**
montagne Berg **6**
morceau Stück **2L**
mot Wort **1 T**
mouillé naß, feucht **6**
mourir sterben **1T**
moyenne, en - im
Durchschnitt **3L**
mufle ◊ Lümmel,
gemeiner Kerl **4**

N

nager schwimmen **6**
naïf, -naïve naiv **2**
naître geboren
werden **1T**
nappe Tischdecke **2T**
nature Natur **5**
né, -e geboren **6**
neiger schneien **6**
nettoyer sauber
machen **5**
ni ... ni weder ...noch **5**
nom Name **4**
nourrir ernähren **6**
nouveau, de - wieder **2**
nouveauté Neuig-
keit **1L**
**nouvelles, tu m'en
diras des -** du wirst
begeistert sein **2**
nul, -le unfähig **2**

O

obligatoire obligatorisch **5T**
offre (f) d'emploi Stellenangebot **5**
oignon Zwiebel **1**
on y va gehen wir! **2**
orage Gewitter **2**
ordinaire gewöhnlich **4**
oser wagen **1L**
oublier vergessen **4T**
ou quoi? oder? **3**
ouvrier Arbeiter **3L**

P

paniquer in Panik geraten **5**
pape Papst **2L**
par contre dagegen **1**
paraître scheinen **3**
parano ◊ paranoid **4**
parce que weil **1**
pardonner verzeihen **2**
pare-brise Windschutzscheibe **3T**
pareil, -le derartig **4**
parents Eltern **5L**
parfumé/e parfümiert **1L**
partager teilen **1L**
partenaire Partner **4L**
participer teilnehmen **1L**
partie Teil **3L**
partie, faire - de gehören zu **1T**

partir weggehen, wegfahren **1T**
pas Schritt **1L**
pas du tout überhaupt nicht **3**
pas étonnant kein Wunder **3**
pas grand-chose nicht viel **5**
passer vergehen **1**, vorbeikommen **1T**, weitergeben (am Telefon) **2**
passer le bac Abitur machen **3**
passionné begeistert **5**
patron Arbeitgeber **2T**
pauvre arm **4**
payer bezahlen **3T**
pays Land (→ Stadt) **6L**
paysan Bauer **6L**
pêche, aller à la - angeln gehen **3L**
pêche, avoir la gut «drauf»sein, gute Laune haben **2**
pêcher angeln **6**
pendant während **6T**
penser denken **4**
perdre verlieren **1 T**
performant leistungsfähig **3T**
permettre erlauben **1**
permis de conduire Führerschein **5**
perruque Perücke **4T**

personnes âgées ältere Menschen **3L**
peser wiegen **1**
pété ⟨!⟩ betrunken **3**
pièce jointe (f) Anlage **5T**
pied Fuß **4T**
pied, avoir im Wasser stehen können **6**
pierre Stein **6**
pistonner ◊ empfehlen **3**
plage Strand **5**
plaisanter scherzen, **2**
plaisir (m) Vergnügen **1T**
plan, avoir un - etwas vorhaben **2**
plaquer ◊ sitzen lassen **3**
pleurer weinen **3**
plongée sous-marine Tauchen **5**
plus tôt früher **2**
plus, de - en plus immer mehr **1L**
PME, petite et moyenne entreprise kleineres oder mittleres Unternehmen
pneu Reifen **3T**
politique Politik **2L**
pollué verschmutzt **5**
pommade Salbe **6**
population active erwerbstätige Bevölkerung **5L**

port de plaisance Yachthafen **5**

porte Tür **2**

porte, mettre à la - hinauswerfen **1T**

poser sa candidature sich bewerben **5T**

possible möglich **1L**

pot catalytique Katalysator **3**

pote ◊ Kumpel **3**

pour cette raison (f) aus diesem Grund **5**

pousser drücken, drängen **1**

pousser wachsen **6L**

prendre un pot etwas trinken gehen **2T**

prendre pour halten für **4**

prénom Vorname **4**

presque fast **6**

pressé eilig **1**

présenter vorstellen **1**

présumé mutmaßlich **3**

prêt bereit, fertig **2**

prêter leihen **2L**

prévenir Bescheid sagen **2T**

prime, en - als Zugabe **4**

princesse Prinzessin **1**

privé, -e privat **4L**

probable wahrscheinlich **5**

produit Produkt **2**

prof ◊ Lehrer **3**

promesse Versprechen **2**

promu befördert **3**

proposer vorschlagen **5**

propriétaire Besitzer **6**

province ganz Frankreich, außer Paris **5L**

provisions Proviant **6**

pub ◊, **publicité** Werbung **3**

Q

qualification Qualifikation **5**

quand wenn **1**

quand même wirklich, trotzdem, immerhin **4**, doch **5**

quelqu'un jemand **1**

quelque part irgendwo **5**

question Frage **1**

question, mettre en - in Frage stellen **1T**

questionner fragen **3T**

qui wer **1**

quitter verlassen **5L**

R

raccrocher auflegen **2**

râleur ◊ Nörgler, Meckerer **4**

râleuse ◊ Nörglerin, Meckerin **4**

ranger aufräumen **4T**

rapide schnell **6**

rappeler zurückrufen **2T**, erinnern **5**

rapporter Geld einbringen **6**

rare selten **1L**

ras le bol, en avoir - die Nase voll haben **4T**

raser, se - sich rasieren **1T**

réalité, en - eigentlich **1L**

rebirthing Wiedergeburt (Therapie) **3**

recherche Suche **5**

rechercher suchen **5**

réclamation Reklamation **2T**

recommandé, en - per Einschreiben **1**

recommencer wieder anfangen **3**

reconnaître wiedererkennen **1**

redire wiedersagen, betonen **1T**

refaire neu machen **6**

refuser ablehnen **3T**

refuser, se - qc sich etwas versagen **3**

regarder schauen **2T**

regarde, ça ne te - pas das geht dich nichts an **4**

région Region **6**

regret Bedauern **4T**

relire wieder lesen **1T**

remarquer bedenken **6**

remise Abstellkammer **6**

remplir ausfüllen **5**
rencontre Begegnung **1**
rendre zurückgeben **1**
rendre malade krank
machen **5**
rénover renovieren **6**
repasser bügeln **4**
répondre antworten **1 T**
reproche Vorwurf **4T**
réserver, se - pour
abwarten für den
nächsten Gang **2**
rester debout aufbleiben **2**
resto ◊ Restaurant **3**
résultat Ergebnis **4L**
retard Verspätung **2L**
retirer, se - sich
zurückziehen **2**
retraité Rentner **1L**
retrouvailles Wieder-
sehen **2**
retrouver treffen **6**
rétroviseur Außen-
spiegel **3T**
réunion Besprechung **4**
revenir zurückkommen **2**
réveiller, se -
aufwachen **1T**
rêver träumen **1L**
révolutionnaire
revolutionär **2**
rien du tout gar nichts **6T**
rivière Fluß **6**
rocher Fels **6**
rôti Braten **2T**

roule, ça - ◊ das
flutscht **3**
rue, en pleine - auf
offener Straße **6T**
rupture Bruch **4T**

S

s'en faire ◊ sich Sorgen
machen **5**
s'investir sich engagieren **5**
saison, en pleine - in
der Hochsaison **6T**
salaud ⟨!⟩ Dreckskerl **4**
sale dreckig **4**
salon Wohnzimmer **2L**
salope ⟨!⟩ Schlampe,
Drecksau **4**
sanglier Wildschwein **6**
sauce Soße **2L**
sauf außer **6L**
sauvage wild **6**
sauver, se - sich retten **6**
savoir wissen **2T**
scène de ménage
Ehekrach **4**
scoop ◊ letzte Neuig-
keit **3T**
se taire schweigen **2T**
secret Geheimnis **6L**
séjour Aufenthalt **5T**
semaine Woche **1T**
sembler (er)scheinen **3**
séminaire Seminar **1**
sentir riechen **4T**
**sentir, se - bien dans sa
peau** sich wohl in
seiner Haut fühlen

sentiment (m) Gefühl **5T**
séparation Trennung **4L**
serré eng **1**
serveur Kellner **5T**
si derart, so **2L** , doch **1**
sida AIDS **1L**
siège Sitz **3T**
ski, faire du - Ski
fahren **1T**
**SMIC, salaire mini-
mum interprofes-
sionnel de croissance**
staatlich festgelegter
Mindestlohn **5L**
société (f) Gesellschaft,
Firma **5T**
soi-disant sogenannt **4**
soleil, en plein - in der
prallen Sonne **6T**
solitude Einsamkeit **1L**
sondage Umfrage **1L**
sortir ausgehen,
hinausgehen **1T**
sortir de - herauskommen **2**
soudain plötzlich **6T**
souhait Wunsch **4T**
soupçonner verdächti-
gen **4**
souvent oft **1**
speeder ◊ total
aufgeregt sein **3**
stage Lehrgang,
Workshop **4**
station Station **1**
station-service Tank-
stelle **3T**
suffire reichen, genug
sein **1**

suite Rest, Folge **2**
sujet Thema **3L**
super normal Super verbleit **3T**
super sans plomb Super bleifrei **3T**
supporter ertragen **4**
surgelé tiefgekühlt **2**

T

table, mettre la - den Tisch decken **1T**
table, se mettre à - sich zum Essen setzen **2**
taire, se - schweigen **4T**
tant mieux gut so, um so besser **3**
tarif Tarif, Preis **1**
technique technisch **1L**
télécopie Fax **1**
température Temperatur **5T**
temps, de - en temps ab und zu **2L**
temps, de mon - zu meiner Zeit **6T**
tendre zärtlich **4**
tenir halten **1**
tenir compagnie Gesellschaft leisten **6**
tenue de route Straßenlage **3**
terrain de camping Campingplatz **6**
terre Erde **6L**
tête Kopf **6**,
tête, faire la - schmollen **4**,

tête, faire une - ein komisches Gesicht machen **5**
TGV, train à grande vitesse Hochgeschwindigkeitszug **6**
timbre Briefmarke **1**
tirer, s'en - sich aus der Affäre ziehen **4**
tirer, se - ◊ abhauen **4**
tiroir Schublade **5L**
tisane Kräutertee **2T**
toile Leinen **2**
tomber fallen **1T**
tomber en panne Panne haben **3**
totalement völlig **4**
tout à coup plötzlich **6T**
tout à fait ganz und gar **6T**
tout à l'heure soeben, gerade (eben) **6T**
tout de suite sofort **6T**
tout le monde alle Leute, jeder **4T**
transports en commun öffentliche Verkehrsmittel **1**
travail Arbeit **1**
travailleur Arbeitnehmer **3L**
tribunal Gericht **4L**
tromper fremdgehen, betrügen **4**
troupeau Herde **6L**
trouver, se - sich befinden **1**
tuer töten **4T**
tutoyer duzen **2T**
type Typ **2T**

U

usine Fabrik **6**

V

vaisselle, faire la - spülen **1T**
vallée Tal **6**
végétarien Vegetarier **2T**
vendanges (f) Weinlese **6L**
vendre verkaufen **1**
vent Wind **6**
vente Verkauf **3**
ver à soie Seidenraupe **6**
vérité Wahrheit **2**
verrouillage centralisé Zentralverriegelung **3**
vieillir altern **6L**
ville, en pleine - direkt in der Stadt **6T**
violent gewaltig, gewalttätig **2**
virer ◊ rausschmeißen **3**
voisin, -e Nachbar **1 T**
vouloir dire meinen **4**
voyelle Vokal **2T**
vulgaire ordinär **4**

CORRIGÉS

Répondez

A. 1. vrai **2.** vrai **3.** faux **4.** vrai **5.** faux

B. 1. a vrai **1. b** vrai **1. c** faux **2. a** faux **2. b** vrai **2. c** faux **3. a** vrai **3. b** faux **3. c** faux **4. a** vrai **4. b** faux **4. c** vrai **5. a** faux **5. b** vrai **5. c** faux

Pratique

A-1 Ne parlez pas... **1.** allez **2.** descends **3.** vont **4.** attendons **5.** vient **6.** vend **7.** vas **8.** venez **9.** prenons

A-2 1. peux/ peux/ peut/ pouvons/ pouvez/ peuvent **2.** vends/ vends/ vend/ vendons/ vendez/ vendent **3.** deviens/ deviens/ devient/ devenons/ devenez/ deviennent **4.** descends/ descends/ descend/ descendons/ descendez/ descendent

A-3 Si tu veux... **1.** peux/ veux **2.** voulez/peux **3.** pouvez/peux **4.** voulez/ pouvons **5.** peux/ pouvez **6.** peux/ pouvez **7.** veulent/ veulent

B-1 Qui fait quoi? **1.** je mets **2.** tu fais **3.** Luc fait **4.** nous faisons **5.** les enfants mettent **6.** vous mettez **7.** les enfants font faire **8.** tu mets **9.** vous faites **10.** Luc met **11.** nous faisons **12.** Luc fait manger **13.** vous faites **14.** je fais **15.** Luc fait

C-1 Une journée intéressante: Je me réveille, je me lève, je me douche, je me brosse, je me rase, je m'habille, je me dépêche, je me promène, je me repose, je me couche. **Tu** te réveilles, tu te lèves, tu te douches, tu te brosses, tu te rases, tu t'habilles, tu te dépêches, tu te promènes, tu te reposes, tu te couches. **Il** se réveille, il se lève, il se douche, il se brosse, il se rase, il s'habille, il se dépêche, il se promène, il se repose, il se couche. **Nous** nous réveillons, nous nous levons, nous nous douchons, nous nous brossons, nous nous rasons, nous nous habillons, nous nous dépêchons, nous nous promenons, nous nous reposons, nous nous couchons. **Vous** vous réveillez, vous vous levez, vous vous douchez, vous vous brossez, vous vous rasez, vous vous habillez, vous vous dépêchez, vous vous promenez, vous vous reposez, vous vous couchez. **Ils** se réveillent, ils se lèvent, ils se douchent, ils se brossent, ils se rasent, ils s'habillent, ils se dépêchent, ils se promènent, ils se reposent, ils se couchent.

D-1 Ecrivez au passé composé A 1. j'ai travaillé **2.** nous avons mangé **3.** ils ont acheté **4.** tu as aimé **5.** vous avez téléphoné **6.** les enfants ont regardé **7.** elle a habité **8.** je suis resté(e) **9.** nous avons gagné **10.** tu es arrivé(e) **11.** tu as écouté
B-1 j'ai bu **2.** vous avez lu **3.** Ils ont attendu **4.** il a eu **5.** nous avons vu **6.** vous avez répondu **7.** le parti socialiste a perdu

C-1 vous avez choisi **2.** nous avons pris **3.** j'ai dormi **4.** ils ont réfléchi **5.** tu as mis **6.** il a fini **7.** elle a dit **8.** j'ai appris **9.** vous avez compris

G-1 1. revoir **2.** revient **3.** reconnu **4.** refaire **5.** relire

H-1. Toujours la même chose 1. la même **2.** le même **3.** le même **4.** les mêmes **5.** les mêmes **6.** les mêmes **7.** le même **8.** la même **9.** la même **10.** les mêmes **11.** le même

L'intrus a. 3. **b**. 3

Ecoutez

Dialogue 1: 1. faux **2.** vrai **3.** faux **4.** vrai

Au café
M. Durand Vous permettez, c'est libre?
M. Dubois Bonjour, M. Durand. Ça fait une dizaine de jours que je ne vous ai pas vu.
M. Durand Eh oui, je suis très occupé, toujours le travail.
M. Dubois Je peux vous offrir quelque chose?
M. Durand Un café, s'il vous plaît. Est-ce que je pourrais jeter un coup d'oeil sur votre journal?
M. Dubois Oh, c'est toujours la même chose. Les transports en commun font la grève, les prix augmentent sans cesse. Et quand on voit dans quel état est la France!
M. Durand Et ça empire de jour en jour.

Dialogue 2: 1. faux **2.** vrai **3.** faux **4.** vrai
A une soirée

Catherine Vous êtes le mari de Véronique?
Le mari Oui. Et vous?
Catherine Je me présente: Catherine.
Le mari Très heureux. Vous connaissez Véronique depuis longtemps?
Catherine Oh oui, depuis dix ans. Nous nous sommes rencontrées à un séminaire. Le temps passe.

Le mari Oh, pardon. Je suis désolé, mais on me pousse.
Catherine Ce n'est pas votre faute. On est tellement serré ici.
Le mari On se tient chaud. Vous prenez quelque chose?

Lecture

Compris? 1. vrai 2. faux 3. faux 4. faux 5. vrai 6. vrai 7. faux

THEME 2

Répondez

A 1.faux 2. vrai 3. vrai 4. vrai 5. vrai 6. faux 7. faux 8. vrai 9. faux

B 1.faux 2. faux 3. faux 4. faux 5. faux 6. faux 7. faux 8. faux 9. vrai 10. vrai
11. vrai 12. vrai 13. vrai 14. vrai 15. faux 16. faux 17. faux 18. faux

Pratique

A-1 Qui aimerait faire quoi? 1. aimerais 2. aimerait 3. aimerions 4. aimerait
5. aimeriez 6. aimerais.

A-2 Mettez au conditionnel. 1. aimerais 2. pourrait 3. voudrait 4. souhaiterait
5. auriez 6. pourrais 7. serait 8. faudrait

A-3 Histoire de couple 1/b 2/d 3/a 4/e 5/c

A-4 Höflicher 1. voudrais 2. voudrait 3. pourriez 4. auriez 5. devriez

A-5 Faites des propositions 1. On pourrait 2. ce serait bien 3. vous auriez envie
4. vous aimeriez

A-6 Argumentez 1. serait 2.pourriez 3. serais 4. pourrions 5. aurais 6.feraient
7. pourrait 8. n'aurait plus besoin

A-7 Et les rêves Das können Sie ohne uns.

B-1 Zwischen echter Zukunft und Wunsch 1. pourrait 2. devrais 3. pourriez
4. aurais

C-1 Ne vous laissez pas faire! 1. Vous ne pourriez pas me fiche la paix avec votre musique! 2. Ça ne t'ennuierait pas de te taire! 3. Vous ne pourriez pas me fiche la paix!

D-1 Le téléphone - répondez 1. Allô 2. C'est de la part de qui? 3. Ne quittez pas, je vais l'appeler. 4. Elle n'est pas là. 5. Vous voulez laisser un message? 5. Je vais lui dire.

D-2 La secrétaire de Gérard Depardieu 1. Qui est à l'appareil? – Monsieur X 2. la part de qui? – de Monsieur X 3. Voulez-vous – A Gérard Depardieu 4. Je vous le passe – Merci 5. laisser un message – Oui, je voudrais faire un film sur Christophe Colomb avec lui 6. pouvez rappeler – D'accord, je rappelle à cinq heures 7. – Au revoir

E-1 Dans ou en 1. dans 2. dans 3. dans 4. en 5. en 6. en 7. dans 8. en

E-2 La réponse correcte 1. dans 2. en 3. en 4. en

E-3 Deux prépositions justes Traduction. 1. Ich brauche zehn Minuten um etwas zu kochen. Ich werde in zehn Minuten kochen. 2. Er ißt in einer halben Stunde. Er wird in einer halben Stunde essen gehen. 3. Ich werde dir alles erzählen in zwanzig Minuten. Ich erzähle dir alles in zwanzig Minuten.

E-4 Traduisez 1. Zur Zeit bin ich nicht gut darauf. 2. Einen Augenblick, ich verbinde 3. Du machst aber ein Gesicht. 4. Wir haben den Tag verwechselt. 5. Wir sehen aber doof aus. 6. Hier sind Blumen, damit Du mir verzeihst.

F-1 Phrases au conditionnel passé: avoir ou être. 1. serais venu 2. serait allé 3. auriez dû 4. aurait pu 5. auriez fait

F-2 Dans la vie quotidienne 1. aurais pu 2. aurais acheté 3. aurais fait 4. aurais invité 5. aurais mis 6. aurais pas dîné

F-3 Avec être - au restaurant 1. serais arrivé 2. serais resté(e) 3. serais allé(e) 4. serais entré(e) 5. serais parti(e) 6. serais (allée)

F-4 Avec devoir et négation 1. 2. 3. 4. 5. n'aurais pas dû

F-5 Il faut parfois réfléchir avant d'agir 1. aurais dû 2. aurais pu 3. aurais dû

G-1 Vous voulez les inviter 1. a/ Madame, ça me ferait plaisir de vous inviter au restaurant samedi soir. b/ Mais avec plaisir! 2. a/ T'aurais envie d'aller dans la nouvelle pizzeria? b/ OK, pas de problèmes 3. a/ J'aimerais vous inviter à prendre l'apéro. b/ Avec plaisir! 4. a/ J'aimerais vous inviter à boire un pot. b/ non! 5. a/ Je serais heureux de vous inviter pour mon anniveraire. b/ Mais oui, bien sûr.

G-2 L'intrus 1. perdre **2.** eau **3.** marcher **4.** client **5.** nul **6.** cuir **7.** anti-rides **8.** restaurant **9.** orage

G-3 Vous répondez à une invitation 1. g **2.** d **3.** b **4.** a **5.** e **6.** c **7.** h **8.** f

H-1 Dans chaque situation, le mot juste 1. Vous avez fait bonne route? **2.** Entrez, ne restez pas devant la porte. **3.** Je peux vous offrir quelque chose à boire? **4.** On va passer à table, sinon..

H-2 Choisissez! Que boit-on en France à l'apéritif? 1. vrai **2.** vrai **3.** faux **4.** vrai **5.** vrai **6.** faux **7.** faux **8.** vrai **9.** vrai **10.** faux **11.** faux **12.** vrai

H-3 A table 1. Tu pourrais me passer le vin, s'il te plaît? **2.** C'est délicieux **3.** Vous pourriez me passer le sel, le poivre et le pain, s'il vous plaît. **4.** Non merci, je n'en mange pas. **5.** Non merci, je me réserve pour la suite. **6.** Non merci, j'ai terminé. **7.** J'aimerais bien boire un café.

I-1 Un voisin de table curieux Sie können das selbst beantworten, n'est-ce pas?.

I-2 Maintenant, c'est à vous! 1. Où habites-tu? **2.** C'est dans quelle région? **3.** Depuis quand habites-tu là? **4.** Comment t'appelles-tu? **5.** D'où viens-tu? **6.** Qu'est-ce que tu fais demain? **7.** Quels livres aimes-tu lire? **8.** Pourquoi es-tu ici? Tu as un ami? etc..

I-3 Comment demander? 1. Comment **2.** Où **3.** Comment **4.** Quand **5.** Qu'est-ce que

I-4 Verbes avec prépositions 1. de quoi **2.** à quoi **3.** avec quoi/avec qui **4.** de quoi **5.** avec qui **6.** à qui

I-5 Vous aimeriez en savoir plus 1. Avec qui tu es venue? **2.** Quand viens-tu ici? **3.** A qui penses-tu? **4.** Comment s'appelle-t-il? **5.** Qui est-ce, le type, là.bas? **6.** Avec qui est-il? **7.** Tu veux danser?

I-6 Hier brauchen Sie keine Hilfe!

I-7 Nur ein bißchen Fantasie!

I-8 einfach probieren (zu zweit)

Ecoutez

Dialogue 1: 1. faux **2.** vrai **3.** vrai **4.** vrai **5.** vrai **6.** vrai

Au café – Martine et Nathalie

Nathalie Pour mes trente ans, je voudrais faire un grand
dîner avec tous mes amis.

Martine Moi, j'aimerais pas ça, c'est du travail!

Nathalie Qu'est-ce que tu prends?

Martine Un Martini et toi?

Nathalie Un demi. J'aurais trente ans dans un mois, j'ai encore le temps de faire
les invitations et de tout préparer. Je veux faire un dîner marocain.

Martine Tu sais faire la cuisine marocaine?

Nathalie Oui, oui, j'ai appris au Maroc l'année dernière et j'ai un copain
marocain qui va m'aider.

Martine C'est super, je pourrais savoir qui tu invites?

Nathalie Non, c'est un secret.

Dialogue 2: **1.** vrai **2.** faux **3.** vrai **4.** vrai **5.** faux

Au téléphone

Emmanuelle Allô, bonjour Mademoiselle Dupont, c'est Emmanuelle à l'appareil,
je pourrais parler à Monsieur Duroi?

Mlle Dupont Je suis désolée Emannuelle, il est absent.

Emmanuelle Mais il m'avait dit d'appeler avant midi.

Mlle Dupont Il est midi, Monsieur Duroi a dû partir. Vous auriez dû appeler plus
tôt.

Emmanuelle Quand pourrais-je le joindre?

Mlle Dupont Demain à 9 heures. Vous voulez laisser un message?.

Emmanuelle Oui, dites que je le rappellerai vers 11 heures et que l'affaire avec
New York est un peu compliquée.

Lecture

Compris? **1.** faux **2.**faux **3.** vrai **4.** faux **5.** vrai **6.** vrai **7.** faux **8.** faux **9.** faux

1. Compréhension orale: 1. b **2.** c **3.** a **4.** c.**5.** b **6.** b.**7** .a.**8.** b..

Les questions: 1. Pourriez- me dire où se trouve la poste? **2.** Vous descendez à la prochaine? **3. a** Je peux téléphoner? **4.** Qui est à l'appareil? **5.** Quand revient-elle? **6.** Tu t'ennuies seul? **7.** Quel jour on est? **8.** Tu pourrais me passer le pain?

2. Une petite conversation: 1. a **2.** c **3.** b

Xavier Téléphone à Véronique à propos de l'appartement.
Xavier Bonjour Madame, je vous téléphone de la part de Philippe. C'est pour l'appartement.
Véronique Ah oui, c'est pour vous tout seul?
Xavier Ça dépend. C'est grand? Ça coûte combien?
Véronique Il y a deux pièces avec cuisine et coin douche. Il est libre et il coûte 1500 F.
Xavier Oh, c'est cher! J'aimerais bien le partager avec un copain, c'est possible?
Véronique Oui, mais il faut venir visiter.
Xavier J'arrive.
Véronique Non, non, demain matin. Aujourd'hui ça ne va pas!
Xavier Bon, je rappelle demain.

3. Mettez les verbes suivants au passé composé: 1. nous avons vu **2.** j'ai dormi **3.** vous avez mis **4.** elle a été **5.** nous avons bu **6.** Valentin a reconnu **7.** tu as ouvert **8.** ils sont descendus **9.** Valentin et son ami sont allés / ils ont pris.

4. Ecrivez la phrase en changeant la personne: 1. nous nous rasons **2.** ils se sont couchés **3.** vous vous habillez **4.** tu t'es promené(e) **5.** il s'est trompé **6.** je me suis réveillé(e) **7.** nous ne nous appelons pas.

5. En ou dans? 1. en **2.** dans **3.** en **4.** en **5.** en **6.** dans.

6. Mettez au conditionnel 1: 1. pourriez **2.** voudrais **3.** auriez **4.** serait **5.** aimerions **6.** pourrait.

7. Mettez la forme du conditionnel 2 1. aurait dû **2.** aurions pu **3.** auraient dit **4.** aurais fait **5.** aurions eu **6.** serait allée **7.** aurais voulu

8. Trouvez au moins deux bonnes questions: 1. Où est-ce que tu habites? **2.** Combien est-ce que ça coûte? **3.** D'où est-ce qu'il vient? **4.** Aimes-tu le jazz? **5.** Quand partez-vous? **6.** Comment vas-tu à Barcelone? **7.** Pourquoi tu ne viens pas? **8.** Tu as payé combien? /Combien tu as payé? **9.** Elle part quand?

Répondez

A 1. faux **2.** faux **3.** faux

B Entre femmes 1. vrai **2.** vrai **3.** vrai **4.** faux **5.** faux **6.** vrai
Entre hommes 1. faux **2.** faux **3.** vrai **4.** vrai **5.** vrai **6.** vrai
Entre jeunes 1. vrai **2.** vrai **3.** faux **4.** faux

Pratique

A-1 Faites -en une phrase avec qui 1.Véronique habite dans un bel appartement qui appartenait à sa mère.**2.** Joséphine a trouvé un travail qui est bien payé. **3.** Thierry aime regarder les équipes de foot qui sont gagnantes. **4.** Elle connaît Marie qui a quatre enfants. **5.** Pourrais-tu me passer l'adresse de ton coiffeur qui coupe si bien les cheveux. **6.** Xavier a rencontré une Anglaise qui lui plaît beaucoup.

A-2 La même chose avec que 1. Je vous présente Marie et Xavier que je connais depuis longtemps. **2.** C'est le nouveau prof de yoga que j'apprécie beaucoup. **3.** Tiens, voilà l'adresse de mon coiffeur que tu voulais. **4.** Xavier ne veut pas la chambre que son beauf lui propose. **5.** Jean pense à la nouvelle voiture qu'il veut acheter.

A-3 Avec dont 1. Xavier sort avec une Anglaise dont il est amoureux. **2.** Philippe a trouvé un appartement dont il est très fier. **3.** Ils écoutent Nirvana dont on parle beaucoup actuellement **4.** Donne-moi le titre du nouveau livre de Marguerite Duras dont tu m'as parlé. **5.** C'est Marie dont le mari est très jaloux. **6.** Je vous présente Thierry dont je connais également les parents. **7.** Voilà Caroline dont la maison se trouve près du golf. **8.** Voilà Gisèle dont la fille est enceinte.

A-4 Avec qui, que ou dont 1. qui **2.** dont **3.** que **4.** qui **5.** dont **6.** qui **7.** qui ,que, dont **8.** que **9.** que.

A-5 Traduisez 1. La femme qui parle beaucoup est ma soeur. **2.** La voiture que j'ai achetée est française. **3.** C'est la jeune fille dont je rêve. **4.** Voici le monsieur qui s'est marié avec la fille du chef. **5.** L'appartement que j'aimerais est trop cher. **6.** Le film dont je parle, m'a beaucoup plu.

B-1 Vous introduisez des sujets de conversations: 1. On m'a raconté que..**2.** J'ai lu que **3.** Tu sais que...

B-2 Choisissez votre réponse 1. c **2.** h **3.** a **4.** b **5.** e **6.**g **7.** i **8** d **9.** f

B-3 Vous réagissez aux déclarations suivantes 1. C'est vrai! oder Mais pas du tout oder c'est la première fois que j'entends ça! **2.** Ça dépend de..oder effectivement oder c'est complètement idiot! **3.** Mais non, voyons oder en effet oder c'est fou oder c'est vrai.

B-4 Vous êtes vraiment surpris 1. Ça alors! vraiment?..**2.** Ça m'étonne oder pas possible! **3.** C'est incroyable! oder Ah bon? **4.** C'est pas vrai! oder pas possible!

B-5 Lisez les déclarations 1.a/ Mais pas du tout! b/Vraiment? **2.**a/ Qu'est-ce que vous voulez dire par..b/ absolument pas **3.**a/ Qu'est-ce que vous en pensez? b/ Ça m'étonne! **4.**a/ Dites-moi b/ Mais pas du tout! **5.**a/ Mais non, voyons! **6.**a/ C'est vrai? b/ C'est incroyable!

C-1 Quel sport? 1. tennis **2.** jogging **3.** basket-ball **4.** golf **5.** trekking **6.** ski

C-2 Parlez comme les jeunes! 1. je flashe sur cette fille **2.** break **3.** speedé **4.** j'ai le blues **5.** me fait flipper **6.** cool

D-1 Mettez au discours indirect 1. Véronique dit qu'elle pense faire un stage de photo. **2.** Xavier pense que Philippe est vraiment super. **3.** L'entraîneur dit que les joueurs ne sont pas très en forme en ce moment. **4.** La femme de Jean dit qu'elle ne regarde jamais la télé.

D-2 Faites des phrases avec «penser que, dire que» 1.a/ Elle pense qu'elle est tranquille. b/ Elle dit que les enfants sont à l'école **2.**a/ Il dit qu'il va prendre un demi.b/ Il pense qu'il boit trop. **3.**a/ Elle dit qu'elle ne mange jamais de chocolat b/ Elle pense que ça fait grossir. **4.**a/ Elle dit qu'elle apprend le français. b/ Elle pense que c'est mieux avec un copain français.

D-3 Complétez avec: où, comment, si, pourquoi.. 1. où **2.** pourquoi **3.** comment **4.** si **5.** où **6.** si **7.** si **8.** si.

D-4 Mettez au discours indirect 1. Véronique dit à Mélanie que l'année prochaine, Joséphine restera trois mois en Italie. **2.** Mélanie demande à Véronique si elle aimerait aller la voir. **3.** Véronique lui répond que non parce qu'elle trouve cette idée stupide. **4.** Mélanie dit qu'elle, elle trouve cette idée géniale. **5.** Véronique répond qu'elle préfère rester ici avec ses amis.

E-1 Avant de changer de vie 1. avait réfléchi 2. avait parlé 3. avait décidé 4. était allée 5. avait acheté 6. avait demandé 7. était venue 8. avait raconté 9. était toujours parti 10. avait dit 11. avait pris.

F-1. 1. appart 2. du – beauf 3. ob 4. ciné 5. foot 6. écolo – PS 7. lo – CGT 8. non – OK **A.** ado **B.** pub **C.** cool **D.** violon **F.** télé **G.** resto **I.** flop.

G-1 Répondez Nur Sie können das beantworten!

Ecoutez

Dialogue 1: 1. vrai 2. vrai 3. faux 4. faux 5. vrai

Chez le coiffeur
Gérard Votre amie est venue samedi dernier.
Véronique Vous parlez de Mélanie? Oui, elle est très sympa. Qu'est-ce que vous en pensez?
Gerard Elle a de beaux cheveux.
Véronique C'est vrai. Dites-moi Gerand, est-ce que je ne pourrais pas changer ma couleur?
Gerard A mon avis, seulement un peu plus blond.
Véronique Vous croyez? Moi, je voulais plus brun.
Gérard D'après moi, blond est mieux pour vous.
Véronique Vous en êtes sûr? Bon, d'accord. Vous avez sans doute raison.

Dialogue 2: 1. vrai 2. faux 3. vrai 4. faux 5. faux 6. vrai 7. faux 8. faux.

A la plage
Philippe Tu sais la dernière Arthur? J'ai trouvé un appart avec des copains, c'est géant.
Arthur C'est grand?
Philippe Oui, cinq pièces. J'ai deux pièces pour moi. J'ai un super plan pour l'aménager.
Arthur Dis donc Philippe, t'as pas une petite place pour moi? Pas longtemps, hein.
Philippe Tu rigoles? Ah non, ça ne va pas!
Arthur Calme-toi! Te prends pas la tête! C'était juste une question. Tu paies combien?
Philippe Deux mille par mois. Ça me fait un peu flipper, mais il faut que j'assure. Je ne veux plus habiter chez mon beauf.

Lecture

Compris? **1.** faux **2.** faux **3.** faux **4.** vrai **5.** faux **6.** vrai **7.** vrai **8.** vrai

THÈME 4

Répondez

A. 1. vrai **2.** faux **3.** faux **4** faux

B. a.1. vrai **a.2.** vrai **a.3.** faux **b.1.** faux **b.2.** vrai **b.3.** vrai **c.1.** faux **c.2.** faux **c. 3.** faux **d.1.** faux **d.2.** vrai **d.3.** faux

B-1. Schränken Sie ein... 1. Je ne pense qu'à ... **2.** Je n'ai fait que les...**3.** Nous n'avons que du... **4.** Il ne s'agit que de toi. **5.** Ça ne fait qu'une semaine... **6.** Je n'ai téléphoné que dix ... **7.** Il n'a que mon... **8.** Je ne vais au théâtre qu'une fois... **9.** Je ne connais que son...

C-1 Das schaffen Sie allein.

C-2 Das auch!

C-3 Ce que/ce qui 1. ce qui **2.** ce que **3.** ce qui **4.** ce que

D-1 Répondez. ... 1. j'y vais **2.** il y était **3.** j'y suis allé **4.** j'y ai pensé **5.** j'y pense **6.** il y est **7.** elles y sont **8.** nous y allons **9.** j'y ai réfléchi

D-2 Répondez ... 1. j'en viens **2.** j'en ai acheté **3.** j'en ai **4.** nous en avons parlé **5.** j'en veux **6.** il y en a

D-3 Répondez négativement... 1. je n'en ai pas **2.** je n'y arrive pas **3.** nous n'y sommes pas allés **4.** je n'y suis pas resté **5.** je n'en ai pas envie **6.** je ne vais pas y aller **7.** on n'en a pas **8.** je n'en ai pas eu le temps **9.** il n'en a pas parlé

D-4 Trouvez ... 1. e **2.** c **3.** g **4.** f **5.** h **6.** d **7.** a **8.** b

E-1 Répondez 1. il me l'a .../ il ne me l'a pas ... **2.** je t'en .../ je ne t'en achète pas ... **3.** je peux t'en ... / je ne peux pas t'en ... **4.** elle s'y.../ elle ne s'y intéresse pas **5.** je le lui ai.../ je ne le lui ai pas ... **6.** elle lui en a ... / elle ne lui en a pas ... **7.** je m'en ... / je ne m'en souviens pas **8.** il lui en.../ il ne lui en fait pas **9.** il se l'.../il ne se l'imagine pas **10.** il nous l'a ... / il ne nous l'a pas ... **11.** je le lui ai.../ je ne le lui ai pas ... **12.** il veut nous en ... / il ne veut pas nous en ... **13.** je vais te l'acheter/ je ne vais pas te l'acheter.

F-1 Attention ... 1. fasse **2.** achète **3.** fasse **4.** cherche **5.** rappelle **6.** repasse **7.** lise **8.** paye **9.** écrive **10.** aie/ sois

F-2 Dites ... 1. fasses **2.** regardes **3** lises **4.**sortes **5..** passions **6.** parlions **7.** fasses **8.** fasses

F-3 Et dites ... 1. écoutes **2.** sois **3.** dises **4.** fassions **5.** aies **6.** achètes **7.** passions

F-4 Ihre Wünsche sind offen.

G-1 Nous pourrions ... 1. peux **2.** est **3.** as le temps **4.** rentres **5.** as envie **6.** préfères

G-2 Ce serait ... 1. j'avais/ je partirais **2.** j'avais/ je ferais **3.** tu travaillais/ nous pourrions **4.** tu m'écoutais/ tu te rappellerais

G-3 1. si je gagnais/ j'arrêterais/ je partirais/ je donnerais **2.** si j'étais **3.** si j'étais **4.** si j'étais **5.** si je pouvais. Rest ist der creativen Imagination des Lerners vorbehalten.

G-4. Das wissen Sie am besten.

G-5 Das auch!

H-1, H-2 Hat es geklappt?

I-2 Résultat du test Faites le total des **a, b** et **c**. Si vous avez une majorité de:
a. Vous savez garder votre calme et réagir avec humour. Continuez!
b. Vous savez vous défendre, mais faites attention de ne pas aller trop loin!
c. Vous êtes trop gentil. Apprenez à vous défendre!

Ecoutez

Dialogue 1: 1. faux **2.** vrai **3.** vrai **4.** vrai **5.** faux

Entre copines
Céline Comment va Annie? Elle ne m'a pas téléphoné depuis deux semaines.
Julie Ça ne va pas très bien. Elle en a marre de son boulot. Elle a trop de travail.
Céline Julien ne l'aide pas à la maison?
Julie Tu penses! Il lui fait sans cesse des scènes de ménage parce qu'elle n'arrive pas, soi-disant, à s'organiser.
Céline C'est vraiment un sale égoïste.

CORRIGÉS

Julie Et en plus, il est jaloux. Il fait la gueule quand elle sort. Il s'imagine qu'elle le trompe.

Céline Elle devrait se chercher un type sympa et se tirer.

Dialogue 2: 1. vrai **2.** faux **3.** vrai **4.** faux **5.** vrai

Entre collègues

Jean Eh, Julien, il y a une réunion ce soir, à six heures.

Julien Ah non, il faut que je fasse les courses. Annie n'est pas là, elle fait un stage.

Jean Il faut que tu viennes, c'est le patron qui l'a dit.

Julien Il exagères quand même, le patron. S'il croit que j'ai envie d'aller à des réunions tous les soirs. Il nous prend pour des idiots.

Jean Je ne te le fais pas dire.

Julien Et puis j'ai rendez-vous.

Jean Avec qui?

Julien Ça ne te regarde pas.

Lecture

Compris? 1. vrai **2.** faux **3.** faux **4.** vrai **5.** vrai **6.** vrai

Test 2

1. Compréhension orale: 1. b **2.** c **3.** b **4.** c **5.** c **6.** a **7.** c **8.** b **9.** b. **Les phrases: 1.** Tu as changé de coiffeur? **2.** Les Français sont nuls en foot! **3.** Il fait une belle carrière chez Lavitendre. **4.** Tu connais un appart libre? **5.** C'est une nouvelle voiture? **6.** Il faut que tu rappelles Julien. **7.** Tu as envie d'aller au cinéma? **8.** J'ai oublié le numéro de téléphone. **9.** Dis-moi qui est Jean-Charles!

2. Trouvez la bonne solution 1. c **2.** b **3.** a **4.** c **5.** b **6.** a.

3. Y ou en? 1. y **2.** en **3.** en **4.** en **5.** en **6.** y **7.** y.

4. Le subjonctif 1. mangent **2.** soient **3.** laissiez **4.** regardent **5.** rappelles **6.** sorte **7.** fassiez

5. Petits messages 1. a **2.** b **3.** c.

6. Choisissez la bonne solution 1. a **2.** b **3.** b **4.** c **5.** b **6.** c **7.** b **8.** c **9.** a **10.** c **11.** a **12.** c **13.** c **14.** b

7. Mettez au discours indirect 1. Véronique m'a dit qu'elle ne parle plus à Paul depuis trois jours. **2.** Mon chef me dit toujours que je ne ferai jamais carrière avec mon (!) caractère. **3.** Catherine pense qu'avec Xavier, c'est toujours la même chose. **4.** Les enfants nous ont dit que le film est super bien.

8. Ecoutez ce que Arnaud écrit à Nathalie 1. Chère Nathalie, Merci pour la petite bouffe de l'autre jour. **2.** J'étais tellement content de te revoir. **3.** Je veux absolument aller dîner avec toi. **4.** J'ai quelque chose de très important à te dire. **5.** Donc, je t'attends mardi soir vers huit heures au Café du Commerce. **6.** C'est toi qui choisis le restaurant, je t'invite. **7.** Grosses bises, Arnaud. P.S. Emmanuelle est repartie en voyage.

THÈME 5

Répondez

A. 1 vrai **2** faux **3** faux **4** faux **5** vrai
B. 1.a vrai **1.b** vrai **1.c** vrai **2.a** faux **2.b** vrai **2.c** vrai **3.a** faux **3.b** faux **3.c** faux
4.a vrai **4.b** vrai **4.c** vrai **5.a** faux **5.b** vrai **5. c** vrai

Pratique

A-1 1. aille **2.** aille **3.** aillent **4.** ailles **5.** alliez **6.** allions

A-2 a. 1. alliez **2.** fasses **3.** lises **4.** soyez **5.** ayez **6.** désespères
b. 1. sortes **2.** fasses **3.** soyez **4.** t'investisses **5.** sois **6.** déprimiez
c. 1. fassiez **2.** fasses **3.** ailles **4.** travailliez **5.** partes **6.** restiez
d. 1. manges **2.** ailles **3.** travailliez **4.** boives **5.** dormiez **6.** ailles
e. 1. téléphoniez **2.** ailles **3.** fassiez **4.** achètes **5.** alliez **6.** restiez

A-3 1. soit **2.** puissent **3.** soient **4.** soit **5.** aille **6.** sachions **7.** veuille **8.** ait

B-1 1. je les ai lues **2.** je l'ai donnée **3.** je les ai vus **4.** je l'ai passé **5.** je les ai terminées **6.** je les ai achetés **7.** elle l'a embauchée

B-2 1. lue **2.** créée **3.** passées **4.** faites **5.** envoyées **6.** connue **7.** trouvées **8.** achetée **9.** vu

C-1- Die passende Antwort finden Sie bestimmt Seite 200

C-2 1. c **2.** e **3.** a **4.** f **5.** d **6.** b

CORRIGÉS 291

L'intrus 1. le port de plaisance **2.** le dossier **3.** ça m'est égal **4.** la ville

D-1. 1. nettoies **2.** nettoie **3.** nettoyons **4.** nettoient **5.** nettoyez

E-1. Ni l'un ni l'autre 1. nous n'allons ni à la mer, ni à la campagne/ pas à la mer, ni à la campagne **2.** il ne s'intéresse ni au théâtre, ni à la plongée sous-marine/ il ne s'intéresse pas au théâtre, ni à la plongée sous-marine **3.** je n'aime ni la ville, ni le métro/ je n'aime pas la ville, ni le métro **4.** vous n'avez ni diplôme, ni expérience/ vous n'avez pas de diplôme, ni d'expérience **5.** je n'ai ni appart, ni copains/ je n'ai pas d'appart, ni de copains **6.** je n'ai lu ni votre curriculum vitae, ni votre lettre/ je n'ai pas lu votre curriculum vitae, ni votre lettre **7.** je ne fais ni de la plongée sous-marine, ni de la bicyclette/ je ne fais pas de plongée sous-marine, ni de bicyclette

F-1 Stimmt es alles?

F-2 Haben Sie alles verstanden?

G-1 Métro-boulot-dodo 1. à **2.** dans/ dans **3.** au/ en/ **4.** de/ à/pendant/ dans **5.** pour **6.** chez/ chez/ à /chez/ en **7.** après **8.** devant **9.** à

G-2 On a oublié .... 1. à **2.** chez/ après **3.** en/ avec **4.** à/ de/ à **5.** à part **6.** sans **7.** dans/ d'après/ pour **8.** pour

G-3 Quelle préposition? 1. de/ d' **2.** de/ d' **3.** chez/ de **4.** à/ à **5.** à/ à **6.** à/ à **7.** à **8.** de **9.** dans/ par **10.** de/ de **11.** de/ avec

I-1 Et en allemand... 1. Ich habe keine Arbeit, keine Wohnung und nicht einmal einen Freund. **2.** Bist du nicht einmal beim Arbeitsamt gemeldet? **3.** Ich lese die Stellenanzeigen in Le Monde, Libération und sogar im Figaro. **4.** Wenn ich meine Bewerbung verschicke, bekomme ich immer dieselbe Antwort. **5.** Sie mag die Stadt, die Straßen, die Kinos und sogar die U-Bahn. **6.** Er hat Biologie studiert, er hat Lehrgänge gemacht und er hat sogar zwei Jahre in Vereinen gearbeitet. **7.** Sie haben keinen Abschluß, keine Berufserfahrung und nicht einmal einen Führerschein. **8.** Du hast schließlich doch Arbeit gefunden. **9.** Haben Sie immer noch dieselbe Anschrift? **10.** Wir säubern die Strände und sogar die Yachthäfen.

I-2 Es war bestimmt nicht schwierig.

I-3 Das schaffen Sie allein.

I-4 Trouvez la bonne traduction! 1. Wie Sie wissen, habe ich Germanistik studiert. **2.** Da Sie keinen Abschluß haben, ist es schwierig, für Sie eine Stelle zu finden. **3.** Wie ich Ihnen schon in meinem Brief geschrieben habe, mag ich die Natur sehr. **4.** Da ich eine große Wohnung habe, kannst du bei mir wohnen. **5.** Mach es so, wie du willst. **6.** Als Arbeitsloser ist es unmöglich, eine Wohnung zu finden.

I-5 Et en français... **1.** Dites-lui merci de ma part. **2.** Il ne se sent bien nulle part. **3.** A part lire le journal, je n'ai rien fait aujourd'hui. **4.** J'aimerais vivre quelque part sur la côte. **5.** Tu me donnes ta part de bombe glacée?

Ecoutez

Dialogue 1: **1.** faux **2.** vrai **3.** vrai **4.** vrai **5.** faux

Au téléphone

Bernard Je voudrais parler à Monsieur Lacroix.

M. Lacroix Oui, c'est moi.

Bernard Je vous téléphone à propos de l'offre d'emploi que j'ai lue dans le journal. D'après votre annonce, vous cherchez une personne qui s'intéresse aux problèmes de l'environnement.

M. Lacroix En effet. Vous avez des diplômes ou de l'expérience?

Bernard J'ai seulement un CAP d'agent de la qualité de l'eau et j'ai travaillé dans des associations de défense de la nature.

M. Lacroix Est-ce que vous seriez disponible tout de suite?

Bernard Oui, je suis au chômage.

M. Lacroix C'est parfait. Envoyez-moi votre CV et une lettre de candidature et je vous contacterai pour un entretien.

Dialogue 2: **1.** vrai **2.** faux **3.** faux **4.** vrai

Vivre sur la côte

Bernard Ce week-end, j'ai fait de la plongée sous-marine. C'était super. Je crois que je vais tout plaquer pour vivre sur la côte. En ville je déprime, à la mer je suis en pleine forme.

Christiane Qu'est-ce que tu feras, Bernard?

Bernard Je trouverai bien un emploi. Je sais bricoler. Tu comprends, Christiane, je ne supporte plus le bruit et l'air de la ville me rend malade.

Christiane Tu plaisantes. Même sur la côte l'air est pollué, avec toutes les voitures.

CORRIGÉS

D'ailleurs, toute la côte est polluée. Les gens jettent leurs déchets sur les plages et personne les enlève. Les communes jettent leurs déchets à la mer.
Bernard C'est quand même mieux que la ville.

Mini-dialogues: 1. les a lues/ qu'il les lise **2.** l'as écoutée/ que tu l'écoutes **3.** vous l'avez vu/ que vous le voyiez **4.** ils l'ont fait/ qu'ils le fassent **5.** elle l'a envoyée/ qu'elle l'envoie **6.** vous l'avez passé/ que vous le passiez **7.** nous l'avons envoyée/ que nous l'envoyions **8.** je l'ai racontée/ que je la raconte

Lecture

Compris? 1. vrai **2.** faux **3.** faux **4.** vrai **5.** faux **6.** faux **7.** vrai **8.** faux

THEME 6

Répondez

A 1. faux **2.** faux **3.** faux
B 1. faux **2.** vrai **3.** vrai **4.** vrai **5.** faux **6.** faux **7.** vrai **8.** vrai **9.** faux **10.** vrai **11.** faux **12.** vrai

Pratique

A-1 Tout- toute 1. tout **2.** tout **3.** tout **4.** toute **5.** toute **6.** tout

A-2 Tout, toute, tous, toutes 1. tous **2.** toute **3.** tous **4.** toutes **5.** tout

A-3 Tout, c'est tout 1. J'ai tout dépensé **2.** Elle a tout mangé **3.** On a tout récolté **4.** Il a tout installé **5.** Il a tout perdu.

A-4 Verbinden Sie 1. c **2.** b **3.** a **4.** e **5.** d

B-1 Quand j'étais petit. 1. étais, vivais **2.** parlait **3.** étaient **4.** venais **5.** voulais **6.** jouais

B-2 Maintenant et autrefois 1. étais **2.** on travaillait **3.** elles portaient **4.** on pensait **5.** on vivait **6.** ils écoutaient

B-3 La fin d'un amour 1. apportais **2.** tu regardais **3.** tu pensais à moi. **4.** tu me regardais **5.** tu me faisais de jolis cadeaux **6.** tu sortais avec moi. **7.** tu m'admirais **8.** tu me parlais de toi.

C-1 Voilà comment on raconte les histoires 1. Je voulais dormir et tout à coup le téléphone a sonné **2.** Il était cinq heures et je me suis levé (e) **3.** Je suis allé (e) au téléphone, c'était Benoit, un vieux copain. **4.** Il avait un gros problème, je lui ai dit de passer chez moi. **5.** Une heure plus tard, il était là. Il a commencé à me raconter sa vie. **6.** Il avait faim et soif, alors il a mangé et a bu. **7.** Il n'avait plus d'argent. Je lui ai prêté deux mille francs. **8.** Benoit était si content qu'il a commencé à chanter et à danser. **9.** J'en ai eu assez et je suis allé (e) me coucher. **10.** Quand je me suis réveillé (e), Benoit avait disparu.

C-2 Trouvez le situation et trouvez l'événement 1. a. Il faisait b. je suis arrivé **2.** a. je marchais b. j'ai vu **3.** a. il pleuvait b. nous sommes rentrés **4.** a. la ferme était b. nous avons décidé **5.** a. nous dînions b. il est arrivé

C-3 Une grande aventure, racontez 1. Nous sommes partis, faisait **2.** avons laissé, avons continué **3.** était **4.** ont décidé de **5.** avions **6.** avait **7.** fallait **8.** étions **9.** avait, avait perdu **10.** marchions, avons entendu **11.** était

D-1 Il y a ou depuis 1. depuis **2.** il y a **3.** depuis **4.** il y a **5.** depuis **6.** depuis **7.** il y a **8.** depuis **9.** depuis **10.** il y a **11.** depuis

D-2 Il y a, avant 1. il y a **2.** avant **3.** il y a **4.** avant **5.** il y a **6.** avant **7.** il y a **8.** avant

D-3 Il y a, avant, depuis 1. il y a **2.** avant **3.** il y a **4.** il y a **5.** depuis **6.** il y a **7.** depuis **8.** avant

E-1 Dites pourquoi! 1. parce qu'il est tout mouillé **2.** parce qu'il avait peur des chèvres et des loups-garous. **3.** parce qu'il a descendu la valise.

E-2 Reliez avec comme immer «comme» am Anfang des Satzes

E-3 A cause de quoi? 1.à cause des loups-garous **2.** à cause des touristes **3.** à cause des incendies **4.** à cause du chômage

E-4 Au choix 1. parce que **2.** Comme **3.** parce qu' **4.** à cause de **5.** Comme **6.** à cause de **7.**parce que **8.** Comme **9.** Comme

F-1 Faire et dire les choses exactement! 1. Le vin blanc se boit frais **2.** Adresse s'écrit avec un d **3.** L'apéritif se prend vers sept heures du soir. **4.** Les huîtres se mangent avec les doigts. **5.** Les vacances se prennent au mois d'août.

F-2 Traduire 1. Le restaurant a été vendu **2.** Le journal est très lu. **3.** Elle a été emmenée **4.** La maison a été abandonnée **5.** Elle a été demandée au téléphone. **6.** Les écoles ont été fermées.

CORRIGÉS

F-3 Mettre en allemand **1.** Das sieht man nicht. **2.** Das macht man nicht **3.** Das wird mit Reis gegessen. **4.** Das sieht man von weitem **5.** Das hört man nicht.

F-4 Dites-le autrememt **1.** La région a été abandonnée par les jeunes **2.** La maison a été construite par le père de Madame Loiseau. **3.** La vieille ferme a été louée par les parents de Thierry. **4.** Le loup-garou était connu par tous les enfants. **5.** Paul a été grondé par la mère de Thierry. **6.** La vieille maison est occupée par le paysan.

F-5 Remplacez par «on» **1.** On fait le ménage tous les jours **2.** On parle français dans les magasins **3.** On ramasse les châtaignes en automne. **4.** On a interdit le camping sauvage.

G-1 Presque, mais pas réussi **1.** Il a failli se noyer **2.** j'ai failli avoir un accident **3.** elle a failli la rater **4.** elle a failli la voir **5.** il a failli se la casser.

G-2. Heureusement réussi **1.** J'ai failli ne pas les voir **2.** elle a failli ne pas la rencontrer **3.** elle a failli ne pas y aller **4.** j'ai failli ne pas le retrouver. **5.** Nous avons failli ne pas avoir de billets.

G-3 Plein, pleine **1.** en plein été **2.** en plein soleil **3.** En plein hiver **4.** En pleine saison **5.** en plein jour **6.** en plein air **7.** en plein centre **8.** en pleine ville **9.** en pleine rue

H-1 Ne dites pas non, dites si **1.** Si, je viens très souvent **2.** Si, j'aimerais bien **3.** Si, je le sais **4.** Si, j'en mange **5.** Si, je vais aller me promener. **6.** Si, je l'ai vue **7.** Si, mais j'aime ça.

H-2 Trouvez les questions **1.** Tu n'aimes pas le calme? **2.** Tu ne vas pas souvent à Paris? **3.** Tu ne veux pas aller à pied? **4.** Tu ne connaissais pas Madame Loiseau? **5.** Vous n'êtes pas triste de partir? **6.** Adrien n'est pas sorti? **7.** Vous n'avez pas vu Caroline? **8.** Tu n'as pas encore payé la facture?

I-1 C'est comment? **1.** Pour être calme, c'est calme! **2** Pour être cher, c'est cher! **3.** Pour être intelligent, il est intelligent! **4.** Pour être ennuyeux, c'était ennuyeux! **5.** Pour faire chaud, il fait chaud. **6.** Pour être mignonne, elle est mignonne! **7.** Pour être riche, il est riche **8.** Pour rapporter, ça rapporte!

I-2 S'installer, installer **1.** m'installe **2.** installe **3.** s'est installée **4.** a installé **5.** nous nous installions **6.** a installé

Ecoutez

Dialogue 1: 1. vrai **2.** vrai **3.** vrai **4.** vrai **5.** faux **6** vrai **7.** vrai **8.** faux

Au marché

Mme Loiseau Vous savez, le fils de Monsieur Deslauze revient s'installer au village.

Le marchand de légumes C'est vrai? Ça fait trente ans qu'il est parti et il revient? Avec sa femme?

Mme Loiseau Oui, avec sa femme. Elle n'est pas d'ici. Je l'ai vue une fois il y a dix ans au mariage de Jean.

Le marchand de légumes Où vont-ils habiter?

Mme Loiseau Dans la maison du père Deslauze. On y travaille actuellement. On refait tout, on construit même une terrasse.

Le marchand de légumes C'est plus comme autrefois, maintenant, les gens veulent du confort.

Mme Loiseau Moi, je trouve ça très bien. Et puis ça donne du travail et de la vie. Allez, donnez-moi deux beaux melons pour ce midi.

Dialogue 2: 1. vrai **2.** faux **3.** vrai **4.** faux **5.** vrai **6.** faux **7.** faux **8.** vrai

Entre amis

Caroline J'ai fait une très belle randonnée dans la montagne. J'ai rencontré un vieux monsieur qui habite seul avec son chien et ses chèvres.

Paul Tu aimerais vivre là? Ici Caroline? Loin de tout?

Caroline Non, c'est trop isolé. Mais j'aimerais bien avoir une maison pour venir l'été. Et toi, Paul. Tu n'aimerais pas acheter une maison?

Paul Si, l'année dernière, j'ai failli acheter une grande ferme près de la rivière, mais c'était trop cher. Finalement, ce sont des Hollandais qui l'ont achetée, mais ils ne viennent jamais.

Caroline C'est dommage. En tout cas, je vais chercher. Demain, le vieux monsieur va me montrer quelques maisons.

A la recherche des mots 1. châtaigne **2.** soie - chèvre **4.** abricot **5.** ail - vin **6.** grenouille - loup **7.** sanglier **8.** champignon **c.** tomate **q.** figue **s.** miel, pain, **diagonal g bis m** textile

Lecture

Compris? **1.** faux **2** vrai **3.** faux **4.** faux **5.** vrai **6.** faux **7.** vrai **8.** vrai **9.** faux **10.** faux

Test 3

1. Compréhension orale: 1. a **2.** c **3.** c **4.** b **5.** c **6.** c **7.** b **8.** b

Les phrases: 1. Tu peux dormir chez moi. **2.** J'en ai marre d'être au chômage. **3.** Qu'est-ce que vous avez comme expérience? **4.** L'air des villes est trop pollué. **5.** Vous savez nager? **6.** Pourquoi est-ce que le camping sauvage est interdit? **7.** J'ai acheté une ferme. **8.** Vous voulez rester dans la région?

2. Une petite conversation: 1. b **2.** c **3.** a **4.** c **5.** a **6.** b
Le paysan Alors, vous voulez acheter la ferme?
Le Parisien Oui, j'aime la nature et je voudrais vivre ici.
Le paysan Vous avez bien raison, l'air est meilleur qu'à Paris ici. Bon, si vous voulez. Ça coûte quarante millions.
Le Parisien Quarante millions?
Le paysan Ben oui, quarante millions anciens. C'est pas beaucoup avec la maison, le jardin et la petite rivière.
Le Parisien Ça fait quatre cent mille francs nouveaux. C'est beaucoup, parce qu' on va construire une terrasse devant et une piscine.
Le paysan Alors, ça fait cinquante millions! Sinon je ne vends pas.

3. Faites votre choix: 1. b **2.** a **3.** c **4.** a **5.** b **6.** c **7.** b **8.** b **9.** c.

4. Le subjonctif: 1. puissent **2.** sachions **3.** veuillent **4.** alliez **5.** soient.

5. Tout ou toute? **1.** toute **2.** tout **3.** toute **4.** tout **5.** tout **6.** toute **7.** tout **8.** tout.

6. Imparfait ou passé composé?: 1. faisait/ sommes allés **2.** nageais/ a commencé **3.** lisait/ est arrivé **4.** a éclaté/ était **5.** déjeunions/ a commencé

7. Il y a ou depuis? 1. depuis **2.** depuis **3.** il y a **4.** il y a **5.** depuis **6.** depuis **7.** Il y a.

8. Voix passive: 1. Les portes ont été fermées vers huit heures. **2.** Un nouveau camping a été ouvert. **3.** Le vin blanc se boit frais. **4.** Véronique a été vue par Paul dans une boîte de strip-tease. **5.** Cette maison bizarre a été construite par un architecte hollandais. **6.** En Provence beaucoup de vieilles maisons sont achetées par les touristes.

Questions – Fragen

Questions avec oui ou non

Aimerais-tu aller chez «Lapierre»?

Oui, avec plaisir.
Non, je n'ai pas le temps.

Est-ce qu'on s'est trompé de jour?

Oui, tu vois bien.
Non, c'est aujourd'hui.

Tu es là **demain?**

Oui, dans la soirée.
Non, je suis à Lyon.

Les pronoms interrogatifs

Qui? pour les personnes

Wer?	Qui est là?
Wen?	Qui est-ce que tu regardes?
Wem?	À qui appartient ce sac?
Mit wem?	Avec qui pars-tu?
Von wem?	De qui parles-tu?
Für wen?	Pour qui travailles-tu?

Que? pour les objets

Was?	Que cherchez-vous?
	Qu'est-ce que c'est?
	Qu'est-ce que vous dites?
Woran?	A quoi pensez-vous?
Worüber?	De quoi parlez-vous?
Womit?	Avec quoi tu fais ça?

Quel?, quelle?, quels?, quelles?

Welcher?	Quel oncle?
Welche?	Quelle tante?

Combien?

Wieviel?   Combien ça fait?

Quand?

Wann?   Quand partez-vous?

Où?

Wo?   Où habitez-vous?
Wohin?   Où allez-vous?

D'où?

Woher?   D'où venez-vous?

Comment?

Wie?   Comment vous appelez-vous?

Pourquoi?

Warum?   Pourquoi es-tu fatigué?

Fragen mit Verben mit Präpositionen

Penser à

à quoi penses-tu?   woran denkst du?
à quoi est-ce que tu penses?
Tu penses **à quoi?** ◊

Parler de

de quoi parlez-vous?   worüber sprechen Sie?
de quoi est-ce que vous parlez?
Vous parlez **de quoi?** ◊

Jouer avec

avec quoi joues-tu?   womit spielst du?
avec quoi est-ce que tu joues?
Tu joues **avec quoi?** ◊

Quelle préposition après le verbe?

Verb	Préposition	
arrêter	de	aufhören mit
avoir besoin	de	brauchen
avoir envie	de	Lust haben auf
avoir le droit	de	ein Recht haben auf
commencer	à	anfangen zu
confondre	avec	verwechseln mit
correspondre	à	entsprechen
discuter	de	diskutieren über
écrire	à	schreiben an
en avoir marre	de	… satt haben
essayer	de	versuchen zu
être au courant	de	informiert sein über
être inscrit	à	angemeldet sein bei
finir	de	beenden
finir	par	am Ende tun
parler	de	sprechen über
participer	à	teilnehmen an
penser	à	denken an
prendre	pour	halten für
réfléchir	à	überlegen
s'intéresser	à	sich interessieren für
s'investir	dans	sich engagieren für
s'occuper	de	sich kümmern um
se souvenir	de	sich erinnern an
sortir	de	herausgehen aus
venir	de	kommen von

Pronoms relatifs

Qui – Sujet
La personne qui parle.
La voiture qui est devant la porte.

Que – Objet
La personne que je regarde.
La voiture que je voudrais.

Dont – Objet
La personne dont je parle.
La voiture dont je rêve.

Y et En

1. «**Y**» ersetzt Ausdrücke mit **à +** …
Es kann sich nicht auf Personen beziehen.

2. «**Y**» ersetzt Ausdrücke mit **sur +** … oder **dans +**…

3. «**En**» ersetzt **de +** …
Es kann sich auch auf Personen beziehen.

Die Reihenfolge der Personalpronomen

Subjekt	me	le	lui	y	+ Verb
	te	la	leur	en	
	se				
	nous	les			
	vous				

Bedingungssatz mit «si»

1. «Si» = reale Möglichkeit

si +	Präsens/Perfekt	Hauptsatz: Präsens/Futur
Si	tu veux,	je te fais un café

2. «Si» = bloße Annahme für die Gegenwart oder die Zukunft

si +	Imperfekt	Hauptsatz: Konditional 1
Si	tu voulais,	je te ferais un café

3. «Si» = unerfüllte Möglichkeit auf die Vergangenheit bezogen

si +	Plusquamperfekt	Hauptsatz: Konditional 2
Si	tu avais voulu,	je t'aurais fait un café

Français Deux

Le discours indirect

Discours direct	Disours indirect

Aussage

«Je suis content»	Il dit qu'il est content.
«J'aimerais partir»	Il pense qu'il aimerait partir.

Befehl

«Venez demain!»	Il lui dit de venir demain.

Question indirecte

«Où a joué l'équipe de foot»	Il demande où a joué l'équipe de foot.
«Comment allez-vous à Paris?»	Il demande comment vous allez à Paris.
«Pourquoi êtes-vous en retard?»	Il demande pourquoi vous êtes en retard.
«As-tu bien mangé?»	Il demande si tu as bien mangé.
«Que veut-il faire?»	Il demande ce qu'il veut faire?
«Qu'est-ce qui doit être changé?»	Il demande ce qui doit être changé.

Das Verb

Verbes réguliers en -er au présent

travailler – genauso: die meisten Verben auf -er

je travaille	nous travaillons
tu travailles	vous travaillez
il/elle travaille	ils/elles travaillent

Verbes réguliers en -ir au présent

finir – genauso: choisir, nourrir, grossir, réfléchir, réussir

je finis	nous finissons
tu finis	vous finissez
il finit	ils finissent

Les verbes pronominaux

je **me** lève.
je **m'**habille.
tu **te** rases.
tu **t'**appelles.
elle **se** repose.
il **s'**arrête.
nous **nous** couchons.
vous **vous** réveillez.
elles **se** trompent.
ils **s'**amusent.

Le passé composé

Hilfsverben **avoir** oder être + **participe passé**

avec avoir		
j'	ai	acheté .
tu	as	travaillé.
il	a	mangé.
nous	avons	rencontré.
vous	avez	payé.
ils	ont	habité

avec être		
je	suis	né(-e)
tu	es	resté(-e).
il	est	entré.
elle	est	arrivée.
nous	sommes	partis (-se).
vous	êtes	monté(-e, -s, -es).
elles	sont	descendues.
ils	sont	venus.

Français Deux

1. Bei reflexiven Verben

je me suis lavé
tu t'es couché tard
elle s'est habillée
il s'est rasé
nous nous sommes promenés
vous vous êtes levés tôt
elles se sont dépêchées
ils se sont reposés

2. Bei Verben, die eine Bewegung oder einen Zustand ausdrücken:

aller, arriver, descendre, devenir, entrer, monter, mourir, naître, partir, passer, rentrer, rester, revenir, sortir, tomber, venir

Le futur proche

Je	**vais**	prendre le métro.
Tu	**vas**	boire quelque chose?
Elle/il	**va**	arriver tout de suite.
Nous	**allons**	téléphoner.
Vous	**allez**	voir le film?
Ils/elles	**vont**	faire les courses.

Subjekt + **aller** + Infinitv

Conditionnel 1

Regelmäßige Verben

je	souhaiter**ais**
tu	souhaiter**ais**
elle, il	souhaiter**ait**
nous	souhaiter**ions**
vous	souhaiter**iez**
elles, ils	souhaiter**aient**

conditionnel = infinitif + Imparfait-Endung

Unregelmäßige Verben

aller	→	irais irais irait irions iriez iraient
avoir	→	aurais aurais aurait aurions auriez …
être	→	serais serais serait serions …
devoir	→	devrais devrais devrait …
savoir	→	saurais saurais …
venir	→	viendrais …
vouloir	→	voudrais …
tenir	→	tiendrais …

Futurstamm + Imparfait-Endung

Conditionnel 2

Avec avoir

J'	aurais	+	aimé
Tu	aurais	+	aimé
Elle	aurait	+	aimé
Il	aurait	+	aimé
Nous	aurions	+	acheté
Vous	auriez	+	acheté
Elles	auraient	+	acheté
Ils	auraient	+	acheté

Avec être

Je	serais	+	allé (e)
Tu	serais	+	allé (e)
Elle	serait	+	allée
Il	serait	+	allé
Nous	serions	+	venus (es)
Vous	seriez	+	venu (e, s, es)
Elles	seraient	+	venues
Ils	seraient	+	venus

| J' | aurais eu | ich hätte gehabt |
| J' | aurais été | ich wäre gewesen |

L'imparfait

je parl	**ais**
tu parl	**ais**
il/elle parl	**ait**
nous parl	**ions**
vous parl	**iez**
ils/elles parl	**aient**

imparfait	Passé composé
cadre	**action**
Nous étions à table	quand elle est arrivée

Rahmen-Situation = Imparfait

Le subjonctif présent

Il faut que je	travaill**e**
Il faut que tu	travaill**es**
Il faut qu'elle/il	travaill**e**
Il faut que nous	travaill**ions**
Il faut que vous	travaill**iez**
Il faut qu'elles/ils	travaill**ent**

Wie wird der Subjonctif gebildet?

Person	Form
1. – 3. Person Singular	= Stammform des Präsens 3. Person Plural
	+ -e,-es,-e
3. Person Plural	+ -ent
1.+ 2. Person Plural	= Imperfekt

Wichtige Ausnahmen:

avoir	être
que j'**aie**	que je **sois**
que tu **aies**	que tu **sois**
qu'il **ait**	qu'il **soit**
que nous **ayons**	que nous **soyons**
que vous **ayez**	que vous **soyez**
quils **aient**	quils **soient**

faire	aller
que je **fasse**	que j'**aille**
que tu **fasses**	que tu **ailles**
qu'il **fasse**	qu'elle/il **aille**
que nous **fassions**	que nous **allions**
que vous **fassiez**	que vous **alliez**
qu'ils **fassent**	qu'elles/ils **aillent**

Wann wird der Subjonctif gebraucht?

1. Nach Redewendungen, die Bedauern, Forderung, Notwendigkeit, Wunsch, Befürchtungen, Möglichkeit, Zweifel oder Gefühle ausdrücken.

2. Nach Verben, die persönliche Empfindungen, Wille, Wunsch, Überraschung, Zweifel, Notwendigkeit oder Meinungen ausdrücken.

La voix passive

Forme active	**voix passive**
On construit une terrasse.	Une terrasse est construite.
Il a installé le chauffage	Le chauffage a été installé.

Avec les verbes pronominaux (Reflexive Verben)

On voit bien Le Mont Blanc.	Le Mont Blanc se voit bien.
On boit le vin rouge chambré	Le vin rouge se boit chambré.
On a bien vendu les légumes.	Les légumes se sont bien vendus.

Verbes irréguliers

Présent	passé composé	futur	subjonctif
acheter			
j'achète	j'ai acheté	j'achèterai	que j'achète
			que nous achetions
il achète			
nous achetons			
ils achètent			
aller			
je vais	je suis allé,-e	j'irai	que j'aille
tu vas			que nous allions
il va			
nous allons			
vous allez			
ils vont			
amener			**wie: acheter**
appartenir			**wie: tenir**
appeler			
j'appelle	j'ai appelé	j'appellerai	que j'appelle
tu appelles			que nous appelions
il appelle			
nous appelons			
ils appellent			
apprendre			**wie: prendre**
attendre			
j'attends	j'ai attendu	j'attendrai	que j'attende
il attend			
nous attendons			
ils attendent			
avoir			
j'ai	j'ai eu	j'aurai	que j'aie
tu as			que nous ayons
il a			
nous avons			
vous avez			
ils ont			

Présent	passé composé	futur	subjonctif
boire			
je bois nous buvons	j'ai bu		
choisir			**wie: finir**
commencer			
nous commençons			
comprendre			**wie: prendre**
conduire			**wie: lire**
	j'ai conduit		
confondre			**wie: attendre**
	j'ai confondu		
connaître			
je connais il connaît nous connaissons ils connaissent	j'ai connu	je connaîtrai	que je connaisse
construire			**wie: lire**
	j'ai construit		
contredire			**wie: dire**
convaincre			
je convaincs il convainc nous convainquons ils convainquent	j'ai convaincu	je convaincrai	que je convainque
courir			
je cours il court nous courons	j'ai couru	je courrai	que je coure
croire			**wie: voir**
cuire			**wie: lire**
	j'ai cuit		
défendre			**wie: attendre**
descendre			**wie: attendre**

Présent	passé composé	futur	subjonctif

devenir wie: venir
devoir

je dois	j'ai dû	je devrai	que je d**oi**ve
tu dois			que nous d**e**vions
il doit			
nous d**e**vons			
vous d**e**vez			
ils doivent			

dire

je dis	j'ai dit	je dirai	que je dise
il dit			
nous disons			
vous d**î**tes			
ils disent			

dormir wie: sortir

| je dors | j'ai dormi | | |
| nous dormons | | | |

écrire

j'écr**is**	j'ai écrit	j'écrirai	que j'écr**i**ve
il écrit			
nous écr**i**vons			
ils écrivent			

employer wie: ennuyer
ennuyer

j'ennu**ie**	j'ai ennuyé	j'ennu**ie**rai	que j'ennu**ie**
tu ennu**ies**			que nous ennu**iy**ons
il ennu**ie**			
nous ennu**y**ons			
ils ennu**ient**			

entendre wie: attendre

Présent	passé composé	futur	subjonctif
ennuyer, s'-			**wie: ennuyer**
envoyer			
j'envoie	j'ai envoyé	j'enverrai	que j'envoie
tu envoies			que nous envoyions
il envoie			
nous envoyons			
ils envoient			
essayer			**wie: payer**
éteindre			
j'éteins	j'ai éteint	j'éteindrai	que j'éteigne
il éteint			
nous éteignons			
vous éteignez			
ils éteignent			
être			
je suis	j'ai été	je serai	que je sois
tu es			que nous soyons
il est			
nous sommes			
vous êtes			
ils sont			
exagérer			
j'exagère	j'ai exagéré	j'exagerai	que j'exagère
tu exagères			que nous exagérions
il exagère			
nous exagérons			
vous exagérez			
ils exagèrent			
faire			
je fais	j'ai fait	je ferai	que je fasse
il fait			
nous faisons			
vous faites			
ils font			

Présent	passé composé	futur	subjonctif
grossir			wie: finir
inquiéter			wie: exagérer
inscrire			wie: écrire
interdire			wie: dire
vous interdisez			
jeter			wie: appeler
joindre			wie: éteindre
lever, se-			wie: acheter
lire			
je lis	j'ai lu	je lirai	que je lise
il lit			
nous lisons			
ils lisent			
manger			
je mange	j'ai mangé	je mangerai	que je mange
			que nous mangions
nous mangeons			
mettre			
je mets	j'ai mis	je mettrai	que je mette
il/elle met			
nous mettons			
ils/elles mettent			
mourir			
je meurs	je suis mort,-te	je mourrai	que je meure
			que nous mourions
il meurt			
nous mourons			
ils meurent			
naître			wie: connaître
je suis né, -e			
nettoyer			wie: ennuyer
nourrir			wie: finir

Présent	passé composé	futur	subjonctiv
offrir **ouvrir**			**wie: ouvrir**
j'ouvre	j'ai ouvert	j'ouvrirai	que j'ouvre
paraître **parcourir**			**wie: connaître** **wie: courir**
j'ai parcouru			
partir **payer**			**wie: sortir**
je paie	j'ai payé	je paierai	que je paye que nous payions
perdre **permettre** **peser** **plaîre**			**wie: attendre** **wie: mettre** **wie: acheter**
je plais il plaît nous plaisons	j'ai plu	je plairai	que je plaise
préférer **prendre**			**wie: exagérer**
je prends tu prends il prend nous prenons vous prenez ils prennent	j'ai pris	je prendrai	que je prenne que nous prenions
pouvoir			
je peux tu peux il peut nous pouvons vous pouvez ils peuvent	j'ai pu	je pourrai	que je puisse
prévenir			**wie: venir**

Présent	passé composé	futur	subjonctiv
prévoir			wie: voir
promener			wie: acheter
rappeler			wie: appeler
recevoir			
je reçois	j'ai reçu	je recevrai	que je reçoive
tu reçois			que nous recevions
il reçoit			
nous recevons			
vous recevez			
ils reçoivent			
réfléchir			wie: finir
rendre			wie: attendre
répondre			wie: attendre
réussir			wie: finir
savoir			
je sais	j'ai su	je saurai	que je sache
tu sais			que nous sachions
il sait			
nous savons			
vous savez			
ils savent			
sentir			wie: sortir
	j'ai senti		
servir			wie: sortir
je sers	j'ai servi		
nous servons			
sortir			
je sors	je suis sorti, -e	je sortirai	que je sorte
tu sors			
il sort			
nous sortons			
vous sortez			
ils sortent			

Présent	passé composé	futur	subjonctiv
souvenir, se- **taire, se-**			wie: venir wie: plaire
je me suis tu il se tait			
tenir			wie: venir
	j'ai tenu		
tutoyer **vendre** **venir**			wie: ennuyer wie: attendre
je viens tu viens il vient nous venons vous venez ils viennent	je suis venu	je viendrai	que je vienne que nous venions
vivre			
je vis nous vivons	j'ai vécu	je vivrai	que je vive
voir			
je vois tu vois il voit nous voyons vous voyez ils voient	j'ai vu	je verrai	que je voie que nous voiyons
vouloir			
je veux tu veux il veut nous voulons vous voulez ils veulent	j'ai voulu	je voudrai	que je veuille que nous voulions

WO SIE DIE GRAMMATIK ERKLÄRT FINDEN

INDEX

Die Zahl steht für die Seite, auf der das Stichwort behandelt wird.